普通高等学校新闻传播学类专业
全媒型人才培养新形态教材

编委会

总顾问
石长顺　华中科技大学

总主编
郭小平　华中科技大学

副总主编
韦　路　浙江传媒学院
李　伟　山西传媒学院

编　委（按姓氏拼音排序）

安　磊	西安欧亚学院	牛　静	华中科技大学
丁　洁	华中科技大学	彭　松	华中科技大学
董　浩	南京林业大学	秦　枫	安徽师范大学
方　艳	湖北第二师范学院	邵　晓	巢湖学院
何平华	华东师范大学	石永军	中南财经政法大学
何同亮	安徽师范大学	汪　让	华中科技大学
赫　爽	武汉大学	王　艺	广州大学
黄丽娜	贵州民族大学	温建梅	山西传媒学院
胡江伟	湖北文理学院	吴龙胜	湖北民族大学
姜德锋	黑龙江大学	夏　青	湖北经济学院
靖　鸣	南京师范大学	熊铮铮	中原工学院
雷晓艳	湖南工业大学	徐明华	华中科技大学
李　琦	湖南师范大学	徐　锐	中南财经政法大学
李　欣	浙江传媒学院	张　超	河南大学
廖雪琴	南昌大学科学技术学院	张　萍	武昌首义学院
聂绛雯	新乡学院	郑传洋	武昌首义学院

普通高等学校新闻传播学类专业
全媒型人才培养新形态教材

总顾问　石长顺　总主编　郭小平

本教材为湖北文理学院2022年教材建设立项项目，受"湖北文理学院教材建设专项资金"资助出版。

新媒体数据分析与应用

New Media Data Analysis and Application

主　编◎胡江伟　毕　翔

华中科技大学出版社
http://press.hust.edu.cn
中国·武汉

内 容 提 要

本书以新媒体数据分析及其广泛应用为背景,采用理论讲解、实践操作和案例分析相结合的教学方法,内容涵盖新媒体数据分析概述、数据采集、数据预处理、数据可视化呈现、社交媒体运营数据分析与应用等,旨在全方位提升读者新媒体数据分析与应用技能。本书既适合作为高等学校新媒体相关专业教材,也可以供新媒体信息传播领域技术人员和新媒体数据分析研究人员参考阅读。

图书在版编目(CIP)数据

新媒体数据分析与应用/胡江伟,毕翔主编. -- 武汉:华中科技大学出版社,2024.11. --（普通高等学校新闻传播学类专业全媒型人才培养新形态教材）. -- ISBN 978-7-5772-0061-3

Ⅰ. G206.2-39

中国国家版本馆CIP数据核字第2024BJ4091号

新媒体数据分析与应用　　　　　　　　　　　　　　　　　　　胡江伟　毕翔　主编
Xinmeiti Shuju Fenxi yu Yingyong

策划编辑：肖丽华
责任编辑：周　天
封面设计：原色设计
责任校对：张汇娟
责任监印：周治超

出版发行：华中科技大学出版社(中国•武汉)　　电话：(027)81321913
　　　　　武汉市东湖新技术开发区华工科技园　　邮编：430223

录　　排：孙雅丽
印　　刷：武汉市洪林印务有限公司
开　　本：787mm×1092mm　1/16
印　　张：11
字　　数：245千字
版　　次：2024年11月第1版第1次印刷
定　　价：58.00元

本书若有印装质量问题,请向出版社营销中心调换
全国免费服务热线:400-6679-118　竭诚为您服务
版权所有　侵权必究

主编简介 About the author

胡江伟　博士，湖北文理学院文学与传媒学院新闻系主任、副教授、硕士生导师，主要研究方向为网络舆情、情绪传播。近年来主持教育部人文社会科学研究项目一项、江西省社会科学规划项目一项、湖北省教育厅哲学社会科学研究项目多项，发表核心论文十余篇，出版《微博公共情绪传播及其管理研究》学术专著一部。先后荣获襄阳市社会科学界联合会组织评选的社会科学优秀成果奖两项。

Foreword

党的二十大报告提出,要加强全媒体传播体系建设,塑造主流舆论新格局。这是适应媒体市场形态变化、占领舆论引导高地、推进文化自信自强的必然选择和重要路径。近年来,媒介技术的快速变革,特别是生成式人工智能的涌现,给人们的生活和工作带来了巨大的变化,既推动了数字艺术、数字经济等新业态的蓬勃发展,也为报纸、电台、电视等传统媒体注入了新的活力,同时造就了更加丰富和复杂的舆论场。数字化、网络化、平台化技术的发展,使数字世界越来越深入地嵌在我们所直观的物理世界中,使新闻传播活动几乎渗透在虚拟和现实、宏观和微观等人类所有层次的实践关系之中。这要求新闻传播工作者熟练地掌握各种媒介传播技术,对特定领域有专业和深刻的理解,并能创造性地开展整合传播策划,即要成为高素质的全媒型、专家型人才。

同时,面对世界百年未有之大变局和中华民族伟大复兴新征程,新时代的新闻传播工作者还应用国际化语言和方式讲好中国故事,让世界更好认识新时代的中国。这更离不开一大批具有家国情怀、国际视野的高素质全媒型复合型专家型新闻传播人才的工作。而培养全媒型、专家型人才,必须在坚持马克思主义新闻观指导地位的前提下,高度关注中国实践和中国经验,积极推进学科交叉与融合、学界与业界协同,以开放的视野和务实的态度推进中国新闻传播学自主知识体系的构建,不断提高中国话语国际传播效能,实现开放式、特色化发展。

华中科技大学出版社于2023年秋发起筹备"普通高等学校新闻

传播学类专业全媒型人才培养新形态教材",并长期面向全国高校征集优秀作者,以集体智慧打造一套适应全媒体传播体系、贴合传媒业态实际、融合多领域创新成果的新闻传播学教材丛书。本套教材以实践性、应用性为根本导向,一方面高度关注业界最新实践形态和方式,如网络直播、智能广告、虚拟演播、时尚传播等,使学生能够及时掌握传媒实践的前沿信息,更好适应业界对人才的需求。另一方面在教材编写过程中,充分尊重各地新闻传播学院的教情和学情,鼓励学界和业界联合编写教材,突出关键技能和素质的培养,力求做到叙述简明、体例实用、讲解科学。

本套教材具有以下特点。

(1)重视总结行业经验和"中国经验"。教材内容不能停留在"本本主义"上,而是要与现实世界共同呼吸,否则是没有生命的。本套教材在撰写过程中力图突破传统教学体系的桎梏,更多面向行业真实实践梳理课程培养内容,及时捕捉行业实践中的有益经验,深刻总结传媒实践"中国经验",从而为我们讲好中国故事、在新闻传播之路上行稳致远提供坚实的基石。

(2)注重人文性与技术性的结合。高素质的全媒型人才需要熟练掌握不同媒介的操作方式和传播逻辑,同时要具有深刻的人文关怀。这需要我们在人才培养过程中更加关注技术和人文的相辅关系,使学生既有技术硬实力,在实际操作中不掉链子,又能坚持正确的价值导向,在形象传播中不掉里子。本套教材注重实操经验的介绍和思政案例的融入,可以很好地将人文性和技术性结合起来。

(3)强调教学素材的多样化呈现。教材出版由于存在一定的工作周期,相对于其欲呈现的对象来说,注定是一项有所"滞后"的事业。传播的智能化趋向使我们朝夕相对的生活世界处在剧烈的变革之中,也使我们的教材更容易落伍于现实。为了突破这一局限,本套教材都配备有及时更新的教学资源,同时部分教材还配套开发了数字教材,可以为教师教学提供更具有针对性的解决方案。

教材要编好绝非易事,要用好也不容易。本套教材的出版凝聚了众多编者的心血,我们期待它能为培养全媒型、专家型人才提供一定的助力。当然其中的差错讹误恐在所难免,我们希望广大教师能够不吝赐教,提出修订意见,我们将由衷感谢。也期待有更多教师可以加入我们的编写队伍,再次致谢。

2024 年 8 月

前言
Preface

随着移动终端、信息技术、移动应用的不断进步,万物互联、人机共生的时代已经到来,这一趋势使得媒体的概念延伸到数字化应用的所有场景,形成了万物皆媒的数字化生存模式,这已成为当前社会的生动写照。新媒体已全方位渗透到经济、政治、文化等多个领域,其产生的海量数据对当今社会产生了广泛而深刻的影响。

谈起数据,映入我们脑海的首先就是一个个阿拉伯数字。然而,数据是一个更广泛的概念,不单指数字,还包括文本、图像、音频、视频等其他形式,这些数据常用于记录、存储、分析和解释现实世界中的各种现象和事实。随着新媒体数据分析与应用在社会发展中的作用日益凸显,教育部于2018年颁布《普通高等学校本科专业类教学质量国家标准》,首次将"新媒体数据分析与应用"纳入新闻传播学相关专业的课程设置。

当前"新媒体数据分析与应用"课程的相关教材的编纂体系,有以理论为主和以技术为主两种。以理论为主的教材的实践部分内容,如"新媒体数据采集""新媒体数据预处理",也侧重于理论诠释。这种教材的理论研究占比偏重,导致其在培养实践性新闻人才方面略显不足。以技术为主的"大数据分析"相关教材,其内容的构建则基于信息技术的逻辑框架,对于新闻传播学类文科专业学生而言,显得晦涩难懂。

相比较而言,本教材具有以下特点。

1.内容编排具有针对性、应用性

当前,市面上的"新媒体数据分析与应用"课程教材,其内容大多是围绕信息技术的逻辑展开的，对非计算机专业的学生来说，存在专业鸿沟。本教材以既有的大数据分析软件如"集搜客""八爪鱼"等为工具，对新媒体中的数据进行抓取、分析。此类数据分析工具易学易用，便于学生理解、掌握，从而在应用中提升专业能力。

2.新媒体分析的分类安排

当前，市面上的新媒体分析相关教材，大都把微博、微信、知乎、今日头条平台笼统地统一归为新媒体，并在数据分析上也采取统一的处理方式。这种编撰思路，虽然有利于教材体系的快速构建，却难以体现各类新媒体异质性较强且分析方法、指标各异的特点，统一的数据分析讲解对学生应用能力提升效果有限。本教材将主要的新媒体类型如微博、微信、抖音等单独拎出，融入各主要章节中，通过具体的案例进行讲解。

3.理论+实践的课程教学方式

本教材旨在培养高层次复合型人才，不仅有全面的理论介绍，更侧重实践训练。以理论+实践的课程教学方式，进行教材内容编排。通过本教材的学习，使学生了解新媒体数据分析与应用的相关概念、步骤、工具及方法，掌握微信、微博、抖音等新媒体的数据分析与应用技巧。

本书由湖北文理学院文学与传媒学院胡江伟老师、毕翔老师以及研究生张国才共同编写。其中，第一章、第二章、第六章由胡江伟、毕翔撰写，第三章至第五章由张国才撰写，最终由胡江伟、毕翔通读修改并审核全文。此外，本教材为湖北文理学院2022年教材建设立项项目，受"湖北文理学院教材建设专项资金"资助。

由于编者学术水平、编写经验有限，书中难免存在表述欠妥之处。因此，编者由衷希望各位读者能够提出宝贵的意见和建议。

胡江伟
2024年9月

目录
Contents

第一章 新媒体数据概述 /1
- /1 第一节 新媒体的概念及其发展演进
- /6 第二节 当前我国主要的新媒体
- /8 第三节 新媒体数据及其运用

第二章 新媒体数据分析概述 /15
- /15 第一节 新媒体数据分析及其流程
- /17 第二节 新媒体数据分析的基本方法
- /24 第三节 新媒体数据分析误区及规避策略

第三章 新媒体数据采集 /33
- /33 第一节 新媒体数据采集前准备工作
- /38 第二节 新媒体数据采集来源
- /48 第三节 新媒体数据采集工具
- /55 第四节 案例分析——集搜客抓取抖音短视频数据

第四章 新媒体数据预处理 /59
- /59 第一节 新媒体数据可用性判别标准
- /61 第二节 数据清洗
- /74 第三节 数据加工
- /89 第四节 数据透视表应用

第五章 新媒体数据可视化 /101
- /101 第一节 新媒体数据可视化概述
- /105 第二节 新媒体数据可视化的类型
- /113 第三节 新媒体数据可视化的制作

/125　**第六章　社交媒体运营数据分析与应用**

/125　　第一节　微信公众号运营数据分析与应用

/135　　第二节　微博账号运营数据分析与应用

/146　　第三节　短视频运营数据分析与应用

/161　**参考文献**

第一章
新媒体数据概述

AI、大数据、云计算、4G/5G技术的发展,让我们逐渐迈入了万物互联的智能时代。新媒体全面介入经济、政治、文化等各领域,其生成的各类数据对当今社会产生了广泛而深刻的影响。本章主要介绍新媒体的概念及其发展演进、当前我国最主要的新媒体、新媒体数据及其运用,为后面章节的学习夯实理论基础。

第一节 新媒体的概念及其发展演进

(一)新媒体的概念

"新媒体"的概念最早由美国哥伦比亚广播电视网技术研究所所长、NTSC电视制式的发明者戈尔德马克提出。戈尔德马克1967年发表了一份开发电子录像商品的计划书,在该计划书中他将"电子录像"称为"new media"。其后,美国传播政策总统特别委员会主席罗斯托在向时任美国总统尼克松提交的报告书中,多次使用"new media"这一术语。[1]此后,"new media"的概念迅速在美国流行并逐渐扩展至全球范围。

"新媒体"所指代的媒体类型,随着时间的推移而不断演变。20世纪60年代至70年代,新媒体主要指代"电子录像";21世纪初,新媒体主要指代"互联网媒体";2010年左右主要指代"智能手机"。目前,随着移动终端、IT技术、移动应用的发展,新媒体的概念涵盖所有数字化形态的媒体[2],它包括数字化的传统媒体、网络媒体、移动端媒体、数字电视、数字报刊等。

---

[1] 蒋科.平行世界的相遇——论媒体的融合与发展[J].中国传媒科技,2020(4):26-28.
[2] 蔡彦燕.新媒体时代下新闻编辑出路探析[J].视听,2019(3):140-141.

(二)互联网与新媒体的演进

互联网的起源可以追溯到20世纪50年代的美苏军备竞赛。1957年,苏联发射了人类第一颗人造地球卫星Sputnik-1,引起了美国的担忧。作为回应,美国国防部1958年组建了高级研究计划局,防范他国颠覆性军事技术优势可能给美国国家安全造成的不可预期的威胁。在美国国防部高级研究计划局的资助下,一项名为"ARPAnet"的研究计划开始实施。该计划的目的是建立一种分布式网络系统,以便在发生核战争时,保持通信畅通。1969年,ARPAnet的第一个节点在加州大学洛杉矶分校(UCLA)建立。1983年,美国国防部将ARPAnet分为两个独立部分:一部分继续发挥军事用途,称MILNET;另一部分则用于进一步的研究工作,仍叫ARPAnet。美国国家科学基金会接管民用ARPAnet之后,开始资助一些将许多大学和协会连接起来的主干网络的研究。这个网络使ARPAnet和各个大学、协会连接起来,并被称为NSFnet,它最终替代了ARPAnet,成为互联网的基石。1990年,美国国会通过了一项法案,允许商业机构使用互联网。此后,互联网开始迅速发展,基于网络技术及其应用的各种新媒体不断产生。

1. Web1.0时代的新媒体

20世纪80年代,欧美一些高校和科研机构开始使用Internet,然而它真正得以普及,是在浏览器和万维网出现之后。随着浏览器和万维网的出现和发展,互联网发展进入Web1.0阶段。这一阶段大约从1991年开始,持续到2004年左右。

万维网是"world wide web"首字母的缩写,其在我国曾被译为"环球网""环球信息网"等。万维网基于互联网的信息检索系统,由英国计算机科学家蒂姆·伯纳斯-李在1989年提出并开发。该系统包括三个组成部分,即超文本标记语言(HTML)、超文本传输协议(HTTP)和统一资源定位符(URL)。这三个部分构成了万维网的基础,使得网页能够被创建和传输,让世界各地的用户都能够在万维网上访问和共享信息。此后,随着越来越多的人加入万维网的开发,万维网的技术不断演进,功能也越来越强大。现在,万维网已经成为全球最大的信息交流平台,为世界各地的人们提供丰富的信息资源和便利的服务。

浏览器是用来检索、展示以及传递万维网信息资源的应用程序。作为当前网络的核心应用之一,浏览器允许用户通过输入网址或搜索关键词的形式来访问互联网信息。其主要功能是解析HTML、CSS、JavaScript等网页编程语言,并将其转换成用户可读的文档。当前比较知名的网页浏览器有谷歌公司开发的Chrome浏览器、非营利组织Mozilla开发的Firefox浏览器、苹果公司开发的Safari浏览器以及微软公司开发的Edge浏览器。这些浏览器各有特点,都具备页面浏览、收藏、历史记录、标签等功能。一些浏览器还可以根据用户需求安装相应插件来提供个性化服务,如二维码生成、翻译、广告屏蔽等。

2. Web2.0时代的新媒体

1) Web2.0概述

21世纪初,网民对互联网的需求已经超越了简单地浏览静态网页,开始追求互动性、参与感和个性化使用体验。在这样的背景下，Web2.0应运而生。Web2.0的概念最早由美国出版商、企业家、作家蒂姆·奥莱利提出。2005年蒂姆·奥莱利发表了一篇名为《什么是Web2.0》(*What Is Web*2.0)的文章，在该文章中他强调了用户参与和内容创作的重要性，认为在Web2.0时代，用户不再只是被动地接收信息，而是可以积极地参与和创作内容。此外，蒂姆·奥莱利还强调了Web2.0的开放性和共享性，提出了"架构的最终目标是通过小的、简单的、可组合的、可操作的部件实现整体的复杂功能"这一思想，鼓励通过开放的API（应用程序编程接口）和标准，实现不同应用和服务之间的互联互通，促进数据的共享和交互。作为首次对Web2.0概念进行系统化阐述的文章，《什么是Web2.0》(*What Is Web*2.0)成为后来人们定义和理解Web2.0的重要参考。蒂姆·奥莱利提出的Web2.0的核心思想包括以下几个方面。

（1）用户参与和内容创造。

Web2.0强调用户的参与和互动，用户不再只是被动消费信息，而是可以积极地参与和创作内容。用户可以通过发表评论、分享内容、参与论坛讨论等方式表达自己的观点和想法。这一理念推动了社交媒体、博客、维基百科等用户生成内容平台的出现和发展。

（2）社交互动和用户体验。

Web2.0注重社交互动和网络社区的建立，强调用户之间的互动和交流。同时，也提倡通过互动程序的设计，使用户更加轻松地使用和享受互联网服务。用户可以在社交媒体上关注自己感兴趣的人和事，与其他用户进行实时沟通和交流。同时，企业也可以通过社交媒体进行品牌推广和客户服务，从而建立和维护良好的客户关系。

（3）开放平台和数据共享。

Web2.0倡导开放平台和数据共享。通过开放的API和标准，让不同的应用和服务互相连接和集成，实现数据的共享和交互，从而推动创新和合作。Web2.0推动了互联网技术创新的步伐。例如，Ajax、RSS和Widgets等新技术，使互联网的应用变得更加丰富和便捷。同时，越来越多的企业开始将Web2.0技术融入自身业务，以提升用户体验和增强竞争力。

（4）多设备和多渠道的访问。

Web2.0支持多设备和多渠道的访问，用户可以通过不同的终端（如电脑、手机、平板等），以及不同的渠道（如网页、移动应用等）访问和使用互联网。互联网让信息和资源的获取与共享越来越便捷，这不仅方便了用户，也为创新和发展带来了更多的机会。

整体而言，蒂姆·奥莱利的Web2.0核心思想强调了用户参与和内容创造、社交互动和用户体验、开放平台和数据共享、多设备和多渠道的访问。这些思想对互联网的发展和应用产生了深远的影响。之后，随着各种社会性网络应用（如社交网络、博客、视频分享网站等）的普及，Web2.0技术快速发展和成熟，其概念也逐渐深入人心。

2）Web2.0时代新媒体发展

（1）博客的兴起。

博客的兴起是Web2.0发展的第一步。博客（Blog）是发布个人文章、观点和信息的网络平台。个人或团体可以在互联网上创建和更新网页，用于记录和分享自己的经验、见解、兴趣爱好等内容。博客的起源可以追溯到20世纪90年代。起初,博客是一种个人在线日记,用于记录个人的思考、观察和生活。随着不同博客平台的发展和普及,博客的形式变得更加多样化和专业化,包括个人博客、主题博客、企业博客等。博客的出现打破了传统媒体对话语权的垄断,赋予了每个人发出声音的机会。同时,博客也促进了用户之间的互动和交流,初步构建起社交网络的形态。

(2) 社交网络的崛起。

社交网络的崛起是Web2.0时代的一个重要里程碑。社交网络(social network)是指通过互联网和其他数字平台连接而成的社交关系网。它是一个虚拟的社交空间,人们能够在这个社交空间里建立和维持社交联系,分享信息、观点和互动。个体或组织可以在社交网络平台上创建个人主页或群组,并与其他用户建立联系、展开互动。社交网络平台上的用户可以发布自己的动态、评论,也可以点赞、转发其他用户的内容,与其他用户进行互动和交流。社交网络已经成为现代社会中人们社交的重要方式之一。社交网络的起源可以追溯到21世纪初,当时Friendster、MySpace等在线社交网站开始出现。这些网站提供个人主页、交友列表、在线聊天等功能,使用户能够在网络上建立联系、进行互动并分享信息。随着智能手机的普及,社交网络开始逐渐向移动端转移,出现了Facebook、Twitter、Instagram等移动社交应用。

(3) 视频分享网站的流行。

视频分享网站是Web2.0时代的重要产物之一。视频分享网站是指用户上传、分享和观看各种类型视频内容的网站。这些网站为用户提供了一个在线视频平台,让用户能够上传自己的视频作品或观看其他用户分享的视频内容。比较知名的视频分享网站包括YouTube、抖音(包括国际版TikTok)、优酷、爱奇艺等。这些平台已经成为全球用户观看和分享视频的主要场所,对视频内容的创作、娱乐和教育产生了深远影响。视频分享网站的发展历史可以追溯到互联网的发展初期,1995年,第一个具有视频分享功能的网站Internet Archive诞生。它是一个数字档案馆,为用户提供大量的公共领域视频、电影、音乐和其他媒体资源,用户可以在线观看和下载。2005年YouTube一经创立,就迅速成为全球广受欢迎的视频分享网站,这是视频分享网站发展的一个重要转折点。YouTube是一个在线视频分享平台,允许用户上传、分享和观看各种类型的视频内容。随后类似于YouTube的用户生成内容式视频分享网站迅速流行起来,用户可以通过这些平台观看和分享各种类型的视频内容,包括娱乐、教育、新闻、音乐、舞蹈等。当前,视频分享网站已经成为人们获取信息、娱乐和创作的重要渠道。

(4) 移动互联网的推动。

移动互联网是互联网的技术、平台、商业模式、应用与移动通信技术结合的活动的总称。[①]移动互联网是移动通信设备和互联网融合的产物,其继承了移动通信设备随时、随地、随身的优势和互联网开放、分享、互动的优势,是一种全国性的、以宽带IP为技术核心的,可

---

① 周洪亮.探讨移动互联技术在船闸通航管理上的应用[J].科学与信息化,2018(27):144-145.

同时提供话音、传真、数据、图像、多媒体等高品质电信服务的新一代开放的电信基础网络。移动互联网的出现,使得人们可以通过手机、平板电脑等移动终端访问互联网,随时随地进行信息获取、社交互动和在线支付等操作。移动互联网的应用场景不断拓展,已逐步渗透到人们生活的方方面面,如在线购物、共享出行、在线教育等。

移动互联网的发展使Web2.0的概念得到了进一步的延伸。智能手机和移动互联网的普及使得人们可以随时随地访问网络、分享和交流信息。移动互联网的发展也进一步推动了Web2.0技术的快速发展,使得Web2.0的社会性和互动性得到了加强。

3. Web3.0时代的新媒体

1) Web3.0概述

Web3.0是在移动互联网之后出现的新阶段的互联网生态,它通过区块链等技术手段,构建了一个去中心化的网络环境,旨在模拟真实世界感受,打破虚拟和现实世界的界限。Web3.0的特点包括以下几点。

(1) 去中心化。

Web3.0借助区块链技术,实现了去中心化的网络架构,摆脱了对传统的中心化服务器和机构的依赖。在这个去中心化的网络架构中,数据和应用程序被存储在分布式网络中,无须依赖任何第三方中介,从而确保了更高的安全性和可靠性。

(2) 用户自治。

Web3.0赋予用户更多的控制权和自治能力。用户可以拥有自己的数字资产,并决定如何使用它和是否共享。智能合约和去中心化应用(DApp)使用户能够直接参与网络运行的规则制定和管理。

(3) 加密货币和数字资产。

Web3.0在线生态系统融合了加密货币和数字资产的概念,用户可以在区块链上以去中心化方式发行、交易和存储这些加密货币和数字资产。Web3.0在线生态系统为用户提供了更安全、更透明的交易环境。

(4) 个性化和智能化推荐。

Web3.0利用人工智能和机器学习技术,为用户提供个性化和智能化推荐服务。通过对用户的兴趣、偏好和行为数据进行分析,人工智能和机器学习技术可以更准确地为用户推荐其需要的内容和服务,从而提升用户体验。

整体上看,Web3.0的目标是打造一个更加开放、公平和民主的互联网生态系统,使用户能够更好地掌控自己的数字资产。它带来了许多新的机会和挑战,正在逐渐改变人们对互联网的理解和使用方式。

2) Web3.0时代的新媒体

在Web3.0时代,新媒体将呈现新的形式和发展趋势。

(1) 去中心化社交媒体。

随着区块链技术的发展,去中心化社交媒体将允许用户更好地掌控自己的数据、保护自己的数据隐私。用户可以通过智能合约选择与谁共享信息,从而以更加私密和安全的方式进行社交互动。

(2) 分布式内容创作和共享。

Web3.0倡导分布式内容创作和共享模式。用户可以使用去中心化应用创建和发布内容，获得更多的创作自主权。

(3) 去中心化的新闻和信息传播。

区块链技术可以提供更加透明、可信度更高的新闻和信息传播渠道。去中心化的新闻平台可以减少第三方对信息的篡改和操控，并为用户提供更加可靠和准确的新闻。

(4) 虚拟现实（VR）技术和增强现实（AR）技术。

虚拟现实技术和增强现实技术使新媒体具备沉浸式、交互式体验功能。用户不仅可以通过虚拟现实技术和增强现实技术与其他用户进行互动，还可以创造更具创意的丰富内容。

(5) 个性化和智能化推荐服务。

在Web3.0时代，个性化和智能化推荐服务将进一步提升。通过人工智能和机器学习技术，新媒体平台可以根据用户的兴趣和偏好，更准确地为用户推荐内容，并为用户提供更加个性化的媒体体验。

整体上看，Web3.0时代的新媒体将更加注重用户的数据权益、隐私保护和参与度。它将打破传统媒体的中心化控制和信息垄断，为用户提供更多的创作自主权和创作机会。

第二节　当前我国主要的新媒体

(一) 微博

微博即微型博客，它是一种通过关注机制分享简短实时信息的广播式社交媒体、网络平台。[1]用户可以通过Web、Wap、Mail、App、IM、SMS以及各种移动终端接入，以文字、图片、视频等多媒体形式，实现信息的即时分享、传播互动。微博的起源可以追溯到2006年，当时美国一家名为Twitter的网站推出了一项名为"推文"的服务，允许用户通过手机短信发布简短的文字信息，并分享给自己的朋友。这项服务迅速风靡全球，微博以这项服务为基础成为当今较流行的社交媒体之一。随着微博的影响力不断扩大，其逐渐成为公众人物、企业和政府机构发布信息和与网民互动的重要平台，也成为社交网络营销和信息传播的重要渠道。

"推文"服务引入我国后，在互联网江湖几经沉浮。在中国，新浪微博是最早推出类似"推文"服务的平台之一，产生了深远的影响。然而，其他社交媒体尤其是微信兴起之后，微博用户量增速放缓，使其发展前景一度遭受质疑。[2]2016年，新浪微博通过用户下沉、名人

---

[1] 余伟利.从博客到微博：网络问政"两会"的媒体应对[J].现代传播，2010(6)：143-144.
[2] 周培源.微博与微信，竞争还是互补[J].网络传播，2014(4)：70-73.

效应以及聚焦社交等运营的改革,重新获得了用户数量、利润的高速增长。[①]2017年4月,国内有名的新闻资讯客户端"今日头条"推出"微头条",也开始涉足微博类领域。[②]

(二)微信

微信是一种即时通信和社交媒体应用程序,是由中国互联网科技公司腾讯于2011年开发和推出的,是在中国极受欢迎和得到广泛应用的社交媒体平台之一。[③]微信在全球范围内也获得了广泛的认可,拥有庞大的用户基础。微信支持跨通信运营商、跨操作系统平台通过网络快速发送免费(需消耗少量网络流量)语音短信、视频、图片和文字。微信提供公众平台、朋友圈、消息推送等功能,用户可以通过搜索手机号码、扫二维码等方式添加好友和关注公众号。同时,微信用户还可以将看到的精彩内容分享给好友或分享到微信朋友圈。截至2016年第二季度,微信已经覆盖中国94%以上的智能手机,微信和WeChat的合并月活跃用户达到8.06亿人,覆盖200多个国家和地区、超过20种语言。此外,各品牌的微信公众号总数已经超过800万个,移动应用对接数量超过85000个,广告收入增至36.79亿元,微信支付用户约4亿人。[④]微信提供了丰富的社交功能,使得人们可以更加便捷地进行交流和互动。同时,微信也成为商业营销的重要平台,许多企业通过微信进行品牌推广和开展营销活动。此外,微信还提供了在线支付、城市服务等功能,方便了用户的生活。随着移动互联网的发展和普及,微信的影响力不断扩大,成为中国乃至全球范围内极受欢迎的社交媒体之一。

(三)今日头条

今日头条是新闻聚合平台和内容分发平台。它由北京字节跳动科技有限公司(以下简称字节跳动公司)于2012年开发,最初是一个个性化新闻推荐应用。今日头条通过算法分析用户的兴趣和浏览历史,为用户推荐个性化的新闻内容。2013年,今日头条步入快速发展阶段,用户数量也大幅增加。它扩大了内容类型的覆盖范围,不仅有新闻,还包括段子、美食、时尚等各种类型的内容。2017年,今日头条推出了"微头条"功能,允许用户发布短文、图片和视频,与其他用户进行互动。这一功能增强了用户之间的社交互动,也增强了用户黏性,提升了用户活跃度。2013年,今日头条推出了"头条号"功能,允许媒体、自媒体和内容创作者在平台上创建自己的账号,发布原创内容并吸引"粉丝"。这一举措进一步扩大了平台的内容来源,加强了内容的多样性。

总之,今日头条通过算法为用户提供个性化的新闻和内容推荐服务,在中国拥有庞大的

---

① 曹增辉.新浪微博二次崛起的5大运营心得_36氪[EB/OL].(2017-08-01)[2024-05-11].https://36kr.com/p/5085968.html.

② 胡江伟.微博公共情绪传播及其管理研究[D].南昌:南昌大学,2019.

③ 牛国义.微信对农村文化的重组与再造——论微信与二十一世纪以来乡村文化的生成[J].东南传播,2019(5):41-42.

④ 刘瑾.基于移动互联网时代下的经济型酒店微信营销策略探析[D].上海:上海师范大学,2016.

用户基础和深远的影响力,成为人们获取新闻和信息的主要渠道之一,也为新闻媒体和内容创作者提供了新的传播平台和商机。

(四)抖音

抖音是一款短视频社交应用,由字节跳动公司开发和推出。它在2016年首次发布,起初是一个名为"音乐创意短视频"的应用程序。

抖音具有拍摄短视频、配乐、微调视频、分享短视频等功能,用户可以通过关注、发现、订阅、点赞、评论、收藏等功能进行互动。抖音的算法机制和内容驱动策略是其制胜的关键,其中,算法机制包括流量池算法、内容环境用户算法、各家的投放算法和去中心化的营销算法等。自2016年上线以来,抖音经过不断发展和演变,已经成为全球下载量最高的手机应用。2017年8月,抖音推出国际版"TikTok",并投入上亿美元用于拓展海外市场。同年10月31日,为了打造网络社区应用,抖音上线了直播功能,这一功能后来被证明是有效的商业变现方式。

2018年3月19日,抖音召开品牌升级发布会,发布全新广告语"记录美好生活"。同年3月30日,"直达淘宝"功能上线,抖音支持关联淘宝的卖货链接;5月8日,字节跳动公司首席执行官张一鸣称2018年第一季度,抖音在苹果App商店下载量达4580万次,超越Facebook、YouTube、Instagram等,成为全球下载量最高的苹果手机应用;7月16日,抖音全球月活跃用户数突破5亿人;8月1日,抖音国际版TikTok与musical.ly合并,新应用程序继续使用"TikTok"的名称;10月,抖音国际版TikTok成为美国月度下载量和安装量最高的应用。2019年,TikTok在苹果App商店和GooglePlay的下载量创下历史新高,达到5700万次。2019年,TikTok全年下载总量超过5.08亿次,同比增长55%,全球下载量超7亿次。2020年,TikTok设置创作者基金,并开启了流量带货模式,吸引了众多的创作者参与。在这个短视频盛行的时代,抖音已经成为无数创作者展示才华、积累"粉丝"的热门平台。①

第三节 新媒体数据及其运用

(一)新媒体数据

要对新媒体数据进行分析,首先要明确什么是数据。在《现代汉语词典》中,数据被认为是"进行各种统计、计算、科学研究或技术设计等所依据的数值"。②然而,对于从事数据工作的人而言,数据并非等于数值。广义的数据还应涉及各种形式的信息,包括数字、文本、图像、音频、视频等。③从计算传播学的视角来看,数据是一个集合,包含一定结构和组织的信

---

① 娜伊日斯嘎.抖音短视频平台草原物质文化传播研究[D].呼和浩特:内蒙古大学,2023.
② 方洁.数据新闻概论:操作理念与案例解析[M].3版.北京:中国人民大学出版社,2019:57.
③ 王卫明,程高祥.网络传播平台的数据权利与数据义务[J].青年记者,2019(22):72-73.

息单元。这些信息单元可以是事实、观察结果、测量值,也可以是其他有意义的单元。

"数据"常被译为data,但二者并不完全等同。英国柯林斯词典中的"data"主要包括两层含义。[1]一是用于分析的数据、资料或材料,"You can refer to information as data, especially when it is in the form of facts or statistics that you can analyse"(你可以将信息称为数据,特别是当它以事实或统计数据的形式出现时,你可以据此进行数据分析)。二是可存储并为计算机程序所用的数据,"Data is information that can be stored and used by a computer program"(数据是可以由计算机程序存储和使用的信息)。由此可见,英文中的data既包括统计数值、日常资料以及事实材料,也包括能被计算机存储、传输或处理的信息。而汉语中的"数据"一般指电子计算机加工处理的对象。最初,数据主要用于科学计算,故加工的对象主要是表示数值的数字。随着计算机的应用越来越广,用于加工处理的对象拓展为数字、文字、字母、符号、文件、图像等信息。[2]这些信息就是计算机加工处理的数值。有的人将"数据"和"数值"等同,这在某种程度上削弱了"数据"的丰富内涵。港台等地将data翻译为"资料",虽然避免了意义上的削减的情况,然而并未有突出其与现代信息科学的联系。

(二)新媒体数据类型

1. 数字与字符

数字是一种用来表示数的书写符号,有汉字数字、阿拉伯数字、罗马数字等。在数学和科学中,数字被广泛应用于量化表达、计数、测量和计算等方面。在计算机科学领域,数字则是以二进制等形式表示、存储、处理和传输的信息。此外,数字在不同的文化和历史背景下也有不同的含义和用途。例如,在某些文化中,特定的数字可能被视为吉祥或不吉利的象征。

谈及数据,我们首先想到的应该是一个个阿拉伯数字,然而数据和数字之间存在显著的区别。简单来说,数字是数学领域或计算过程中使用的基本概念,表示数量或量,通常用于计量、计数、运算或比较。它可以是整数、小数、分数或其他数学形式。作为一个相对抽象的概念,数字本身并不包含特定信息或意义。数据则是一个更广泛的概念,它包含用于传达信息或描述现象的特定类型的数据。数据可以是数字,也可以是文本、图像、音频、视频等其他形式,常用于记录、存储、分析和解释现实世界中的各种现象和事实。在计算机处理中,数字需要通过一定的上下文或语境转化成有意义的数据。

字符是计算机系统中最基本的文本单位,它代表任意一个字母、数字、符号,甚至其他可打印或不可打印的符号。在计算机系统中,每个字符都有对应的数值编码,其中最常用的字符编码有ASCII、Unicode和UTF-8三种。

ASCII全称为American Standard Code for Information Interchange,译为美国信息交换

---

[1] Definition of 'data' | Collins English Dictionary[EB/OL].(2012-02-13)[2024-04-22].https://www.collinsdictionary.com/dictionary/english/data#data__1.

[2] 潘洪建,郭桂周,蒋权,等.科学实践及其教学策略(笔谈)[J].教育与教学研究,2020(2):89-128.

标准代码。它是一种基于拉丁字母的电脑编码系统,主要用于显示现代英语和其他西欧语言。由于ASCII对非英语语言的支持并不完善,随着计算机的发展,适用性更强的Unicode(统一码)和UTF-8(8-bit Unicode Transformation Format)字符编码开始出现并被广泛应用。Unicode是计算机科学领域的一项标准,包括字符集、编码方案等。Unicode是为了克服传统字符编码方案的局限性而产生的,它为每种语言中的每个字符设定了统一并且唯一的二进制编码,以满足跨语言、跨平台进行文本转换、处理的要求。[①]Unicode的目标是支持全球范围内的所有文字,无论它们是现代的还是古老的,是常用的还是非常用的,是主流的还是非主流的。这使得Unicode在国际化软件开发、网页制作、数据存储等方面得到广泛应用。UTF-8是一种针对Unicode的可变长度字符编码,也是一种前缀码。它可以用来表示Unicode标准中的任何字符,且其编码中的第一个字节仍与ASCII兼容,这使得原来处理ASCII字符的软件无须或只需做少部分修改,即可继续使用。因此,它逐渐成为电子邮件、网页及其他存储或传送文字应用中优先采用的编码。

2. 图像

图像是新媒体数据中的重要类型,分为位图和矢量图两种。这里着重讲一下位图。位图由单个像素点组成,常被称为像素图或点阵图。像素点的不同色彩信息组成了千变万化的图像。在进行计算机处理时,位图只需记录每个像素的颜色信息,不需要存储其他图像属性或元数据。这使得位图在存储和传输方面非常高效。位图以像素为基本单位,因此可以对其进行像素级别的编辑和处理,可以对单个像素进行修改、插入或删除,也可以应用各种滤镜、修饰和效果。这使得位图在图像处理和编辑方面具有灵活性和可塑性。此外,位图以像素为基础,能够准确地表示图像中的每个细节。由于像素的颜色信息直接记录在位图中,位图在保持图像质量方面表现得非常优秀。基于上述优势,位图被广泛应用于图像处理、电脑图形学、游戏开发、视觉效果、网页设计等领域。

常用的位图文件格式包括JPG、GIF、PNG、PSD等。

JPG是一种常见的图像文件格式,它是Joint Photographic Experts Group(联合图像专家组)的缩写。JPG文件使用有损压缩算法,可以在保持相对较高的图像质量的情况下显著减小文件的大小。这使得JPG成为存储和传输图像的常用格式。目前,几乎所有的操作系统、图像浏览器、图像编辑软件以及网页浏览器都可以打开和显示JPG文件。需要注意的是,在使用JPG时较高的压缩质量可以保留更多的图像细节,但文件的压缩幅度有限。较低的压缩质量可以大幅度压缩文件的大小,但可能会导致一些图像细节的损失。此外,由于JPG文件使用有损压缩,多次编辑和保存的JPG文件的图像质量会进一步下降。所以,JPG格式不适用于一些对图像质量要求较高的应用场合,比如图像的精确测量和细节分析领域。

GIF(Graphics Interchange Format,图形交换格式)由CompuServe公司开发。GIF格式因其广泛的兼容性和特定的功能而受到用户的欢迎。GIF格式可以将多个图像帧存储在同一个文件中,并以一定的时间间隔播放这些图像帧,从而创造动态图像效果。GIF格式还支

---

① 王毅,张金波,董晓文.ISO汉信码Unicode模式详解[J].中国自动识别技术,2024(01):48-54.

持透明度调整功能,即可以将图像中的某些部分设定为透明,以便与其他图像或背景进行混合。这使得GIF格式在制作带有不规则边缘或透明背景的图标、徽标和动画等方面具有优势。GIF格式使用一种无损压缩算法,可以有效地减小文件的大小,同时保持图像质量。这使得GIF格式在网络传输和网页加载方面具有优势,尤其是在带宽有限和网络连接较慢的环境下。但GIF格式也有一些限制,其能显示的颜色数量有限,在显示细节丰富的复杂图像和照片时可能会产生可见的色带效应。此外,GIF格式的文件无法保留高质量的细节和颜色精度。

PNG(Portable Network Graphics,便携式网络图形)是一种无损压缩的位图图像格式,被开发出来作为GIF的替代品。PNG格式能提供更高的压缩率和更丰富的功能。PNG格式支持真彩色,包括alpha通道透明度,并且是无专利的,这意味着任何人都可以自由地使用和分发PNG图像,而无须支付许可费或版权费。PNG格式支持完全透明和半透明像素,这使得它非常适合创建带有复杂背景或不规则形状的图像,如图标、徽标等。PNG格式支持使用更多的颜色来表示图像,因此可以提供更高质量的图像。PNG格式可以准确地保留图像的细节和颜色精度,其适用于需要保持图像质量的应用场合。此外,PNG格式支持渐进式加载功能,允许图像分阶段显示,从而提升图像的加载速度。这对于加快图像的网络传输和网页加载非常有帮助。但PNG也有一些限制,如PNG文件通常比具有相同图像质量的JPG文件更大。此外,某些老旧的软件和浏览器可能不支持PNG格式或不支持PNG的某些特性。

PSD(Photoshop Document)是Adobe Photoshop软件使用的一种专有文件格式,通常用于保存包含图层、蒙版、切片、路径、注解、文字图层、调整图层、图层样式等Photoshop功能的图像文件。PSD是一种源文件格式,可以保留图像编辑过程中的所有原始设置和更改,因此非常适合在不同版本或不同计算机之间共享Photoshop设计项目。但PSD是Adobe Photoshop的专有格式,其他图像编辑软件无法直接打开和编辑。此外,PSD格式的文件通常较大,需要更多的存储空间和传输时间。

3. 音频

(1) 音频的概念。

音频是指通过电子方式捕获、录制、处理、存储、传输与重现的声音信号,它是人类进行交流和艺术表达的重要媒介。不同于文字或静态图像,音频赋予了信息和创作时间维度和情感深度。音频在日常生活中无处不在,从个人聆听的音乐、有声书、播客,到公共广播、电话会议、语音助手的交互,再到电影、电视节目的配音,都是音频应用的实例。音频不仅是娱乐和信息传播的重要载体,还在教育、医疗、心理治疗等多个领域发挥重要作用。

音频实质上是连续变化的声波信号通过采样、量化、编码得到的电子信号。这些信号可以被存储在各种媒介上,如磁带、唱片、硬盘、云端等,也可以通过不同的传输方式,如电缆、无线电波、互联网等,从一处传送到另一处。音频具有多种类型,包括音乐、语音、环境声等。音乐是音频艺术的重要表现形式,它通过旋律、节奏、和声等元素,传递情感,表达思想,给人以美的享受。语音则是人们日常交流的主要手段,它包含丰富的语义信息,是人与人之间沟通的重要桥梁。环境声则记录了我们周围的各种声音，如风声、雨声、车声等，为我们提供了丰富的听觉体验。

当前，音频技术已经从早期的模拟录音技术发展为现代的数字录音技术，音频的保真度和可编辑性得到了极大的提高。同时，音频处理软件的出现，使得音频的剪辑、混音、降噪等操作变得更加便捷和高效。此外，随着人工智能技术的发展，如高解析音频、空间音频技术，音频体验正逐渐接近现场聆听的真实感受。

（2）常见的音频文件格式。

常见的音频文件格式包括MP3、WAV、AAC和FLAC等，它们各有不同的压缩算法和音质特点。

MP3格式全称为MPEG-1 Audio Layer Ⅲ或MPEG-2 Audio Layer Ⅲ，是一种音频编码和压缩格式。它是由德国的弗劳恩霍夫研究所(Fraunhofer Society)的一组工程师开发的，旨在以较小的文件储存高质量的音频，从而实现高效的存储和传输。MP3格式通过去除人耳无法感知的音频信息来压缩音频文件，这一过程被称为"有损压缩"。尽管这种压缩会损失一些音频数据，但在合理的压缩率下，MP3格式的音质与原始未压缩音频相当接近。这种压缩技术使得MP3文件的大小通常只有原始音频文件的十分之一左右，极大地节省了存储空间，使音频文件在网络上传输成为可能。MP3格式也由此成为数字音乐的标准格式之一。从个人音乐播放器到在线音乐服务，再到数字音频工作站，MP3格式几乎无处不在。

WAV格式全称为Waveform Audio File Format，是一种广泛使用的无损音频文件格式，由微软和IBM联合开发，是Windows操作系统中的标准音频文件之一。WAV格式以其高保真、无音质损失的特性，在音频制作、音乐录制、专业音频编辑等领域备受青睐。WAV格式的文件直接记录音频的波形数据，不进行任何有损压缩，这意味着音频信号在录制、编辑、存储和播放过程中能够保持原始的高品质。它支持多种采样率和位深度，从基础的CD音质(44.1 kHz采样率，16位深度)到更高质量的音频规格，都能轻松应对，满足不同应用场景的需求。与其他音频格式相比，WAV格式文件因其无损特性而占据较大存储空间，但在追求极致音质的专业领域中颇具优势。

AAC格式全称为Advanced Audio Coding，是一种专为声音数据设计的现代音频编码技术，广泛应用于数字音频的传输和存储领域。AAC最初是在MPEG-2的音频编码技术基础上研发的，后随着MPEG-4标准的出现，AAC重新集成了其特性，并融入了SBR(Spectral Band Replication)技术和PS(Parametric Stereo)技术，从而进一步提升了音质和压缩效率。AAC的核心优势在于其拥有先进的编码技术，能够智能分析音频信号，去除人耳不易察觉的声音成分，实现高效的数据压缩而不显著影响听觉体验，特别适合移动设备和互联网传输。AAC支持多种比特率，从24 kbps到960 kbps都能支持，且在128 kbps以上时，其音质通常被认为优于相同比特率的MP3格式。此外，AAC还具备多声道音频编码能力，能够处理5.1甚至7.1环绕声，这使其在家庭影院系统和游戏音频中大放异彩。由于其出色的表现，AAC格式已被苹果公司设定为iPod和iTunes的默认音频格式，推动了其在全球范围内的广泛应用。

FLAC格式全称为Free Lossless Audio Codec,是一种专为无损音频压缩设计的编码格式。它诞生于2001年,旨在解决音频压缩过程中丢失音质的难题,满足音频领域对高品质音质的追求。FLAC的主要特点在于其无损压缩,即在大幅度减小音频文件大小的同时,不损失任何原始音频信息,确保音频质量在压缩前后保持一致。这一特点与常见的有损音频压缩格式(如MP3、AAC等)形成鲜明对比,后者在压缩过程中会不可避免地丢失部分音频信息。此外,FLAC的解码速度极快,几乎不影响播放性能,具备实时播放已压缩音频资料的能力。用户在播放FLAC格式的音频文件时,无须先将其完全解压,从而大大提高了播放效率。

由于其开源特性,FLAC格式可在多种操作系统和音频播放设备上应用。尽管FLAC格式的文件大小相比有损格式如MP3更大,但它在音频爱好者和专业人士中备受推崇,尤其是在追求极致音质的音乐收藏和专业音频后期制作领域。

4. 视频

(1) 视频的概念。

视频是利用连续的图像序列和伴随的音频(非必需)来传达视觉信息、讲述故事、展示事件或演示概念的一种多媒体形式。它结合了影像艺术与时间维度元素,让静态的画面"活"起来,为观众提供动态、直观且富含情感的观看体验。在视频中,每一帧图像都是独立的,而连续播放这些帧便能使人产生动态影像的错觉,这一原理类似于连续翻动画书。视频的标准播放速率是每秒24帧(电影)到每秒30帧或60帧(电视和网络视频),更高的帧率可以产生更流畅的视觉效果。除了图像,同步的音频也是视频中的重要组成部分,它包括对话、音乐、音效等,可以增强叙事的沉浸感和真实感。

在技术上,视频的制作涉及图像捕捉(如摄像机拍摄)、编辑(剪辑、特效添加)、编码压缩(缩减文件大小以便于存储与传输)以及最终的播放展示等多个环节。随着数字技术的发展,视频的创作、分发和消费变得非常便捷。智能手机、无人机、专业摄像机等设备的普及,使得任何人都能成为视频内容的创作者。同时,互联网特别是社交媒体平台、视频分享网站和流媒体服务的兴起,极大地拓宽了视频的传播渠道,让视频成为信息传播、娱乐、教育、广告乃至个人表达的重要媒介。

(2) 常见的视频文件格式。

视频文件格式多种多样,包括但不限于MP4、AVI、MOV、FLV等,不同的格式适应于不同的播放设备和平台。

MP4(MPEG-4 Part 14)是一种通用的数字多媒体容器格式,专门用于存储和传输视频、音频、文本和图形数据。MP4格式高效的数据压缩和广泛的兼容性,使其成为互联网视频和音频传输的首选格式。MP4文件采用先进的压缩技术,如H.264视频编码和AAC音编码,以保证文件质量高且占用空间小,便于上传、下载和分享。该格式支持流式传输和高清视频播放,能够存储多种媒体类型,包括视频轨、音频轨、字幕及图形。MP4格式广泛的兼容性使其可以在几乎所有现代操作系统和设备上无缝播放和处理,包括Windows、MacOS、Android和iOS,从而成为跨平台分享和传输视频内容的理想选择。MP4格式广泛应用于在线视频平台、社交媒体、数字广告等领域，不论是用户生成内容还是专业制作内容，MP4都能为用户提供优质的多媒体体验。

AVI（Audio Video Interleaved）格式是由微软公司开发的一种多媒体容器格式，最早于1992年推出。它用于在Windows操作系统上存储和播放音频和视频文件，因此其在早期电影制作、视频编辑和多媒体播放中得到了广泛应用。AVI格式文件的特点包括其灵活性和兼容性。它可以容纳多种编解码器的音频和视频流，如DV、MPEG-4、DivX、Xvid等，使得用户可以选择能够满足其需求的编码格式和质量标准。AVI格式还支持存储音频轨道、字幕以及其他元数据，这使得它在包含多种媒体内容的文件中表现出色。AVI格式文件的结构相对简单明了，通常由一个"头部"和多个包含媒体数据的"块"组成。"头部"包含文件的元数据和索引信息，而"块"则包含实际的音频、视频或其他媒体流。这种结构使得AVI文件的解析和处理相对容易，同时也使其在不同的软件和硬件平台上具有良好的兼容性。

MOV（QuickTime Movie Format）格式是一种由苹果公司开发的多媒体容器格式，用于存储和传输视频、音频以及其他媒体数据。其名称来源于"QuickTime Movie"，最初是QuickTime技术的一部分。MOV文件通常采用基于容器的结构，这意味着它能够同时包含多个数据流，如视频轨道（用于存储视频帧和编解码信息）、音频轨道（用于存储音频样本和编解码信息）、文本轨道（用于存储字幕或章节信息）等，以及其他可能的数据类型。这种结构使得MOV格式非常灵活，能够支持多种媒体元素的集成和同步播放。MOV格式最初是为苹果的操作系统和软件而设计的，主要用于QuickTime Player等应用程序中的视频播放和编辑。凭借优秀的音视频编解码能力和高质量的播放效果，MOV格式在众多平台上得到了广泛应用。如今，大多数主流操作系统和视频播放器都支持MOV文件的解码和播放，MOV成为专业用户和个人用户首选的视频存储格式之一。

FLV（Flash Video）格式是一种由Adobe系统公司开发的视频文件格式，主要用于网络视频播放和分享。它以高质量压缩著称，能在保持相对较高质量的同时，显著缩减文件大小，适合在带宽受限的网络环境中传输和播放。FLV格式支持多种编解码器，包括Sorenson Spark和VP6，以及多种音频格式如MP3和AAC，这使得它在处理不同类型的音视频时具有较强的灵活性和兼容性。最初，FLV格式是为了与Adobe Flash技术无缝集成而设计的，因此在过去的网页视频播放中占据了重要地位。它与SWF（Flash动画）文件结合使用，使得视频内容能够嵌入网页中并通过Flash播放器播放，为当时的多媒体网页提供了丰富的交互和视听体验。尽管随着HTML5等技术的兴起，网页视频播放方式发生了变化，FLV格式的使用频率有所降低，但在某些场景中仍然非常有价值。特别是在需要高效传输和播放网络视频的情况下，FLV因其优秀的压缩性能和较好的播放器兼容性仍被广泛采用。

第二章 新媒体数据分析概述

新媒体数据分析是对新媒体平台上的各类数据进行深入探究的过程,旨在从这些数据中提取有价值的信息,以支持决策制定和优化运营策略。在新媒体运营中,数据分析已经成为不可或缺的一部分,它能够帮助运营者更好地了解用户行为、内容传播效果以及市场趋势。

第一节 新媒体数据分析及其流程

(一)何为新媒体数据分析

新媒体数据分析是指运用现代统计学、数据挖掘及机器学习技术,对新媒体平台上产生的大量数据(如社交媒体互动、用户行为、内容传播效果等)进行深入挖掘与分析。新媒体数据分析的作用在于精准洞察用户行为、优化内容策略、提升传播效率、实现精准营销。通过新媒体数据分析,企业能够深入了解用户偏好、兴趣分布及互动模式,从而创作更符合受众需求的内容。同时,新媒体数据分析还能用于评估营销活动效果,以便经营者及时调整策略,实现ROI(投资回报率)最大化。此外,新媒体数据分析还能为个性化推荐系统提供支撑,实现千人千面的内容与服务推送,提高用户体验感与忠诚度。

(二)新媒体数据分析流程

新媒体数据分析包括以下主要流程。

1. 数据采集

数据采集(Data Acquisition),是指通过一定的技术和方法,从各种数据源头和渠道收集、整理、清洗、分析和挖掘结构化和非结构化数据的过程。在这个过程中，数据可以通过自动化传感器、网络爬虫、问卷调查、数据库查询等多种手段获取，以供后续的数据处理、建模和可视化使用，从而支持商业智能、科学研究、社会统计等领域的深入洞察与创新应用。

数据采集是新媒体数据分析的第一步。在数据采集前需要明确采集的目的和需求，确定需要采集的数据类型和来源，选择合适的数据采集方法和技术，如网络爬虫、API接口、埋点、日志分析等，确保数据的准确性和完整性。

2. 数据预处理

数据预处理（Data Preprocessing）是数据分析、数据挖掘和机器学习等任务中至关重要的一步，它包括在主要数据处理或分析之前对原始数据进行一系列清洗、转换、集成和规约等操作，以消除噪声数据、不一致性数据和冗余数据，提高数据的质量和可用性，为后续数据分析和建模提供可靠的基础。

数据清洗是数据预处理的核心步骤之一，它涉及对原始数据进行去除重复值、修正错误数据、填充空值和异常值处理等操作。去除重复值即通过比较数据的某些属性，去除重复的数据。这有助于减少数据冗余，提高数据分析的效率。修正错误数据即通过手动或自动的方式，修正数据中的错误。这包括纠正拼写错误、格式错误和逻辑错误等。填充空值即对于缺失的数据，使用均值、中位数、众数或插值等方法进行填充。这有助于保持数据的完整性，避免在后续分析中出现偏差。异常值处理即检测和处理异常值，以避免它们对数据分析结果产生不良影响。异常值可能是由测量错误、数据录入错误或极端事件等引起的。可以使用统计方法或基于机器学习的方法来识别和处理异常值。

3. 数据分析

数据分析的目的是从数据中提取有价值的信息。在这一阶段，需要运用各种数据分析方法和工具，对数据进行深入分析和挖掘。常用的数据分析方法包括描述性统计、推断性统计、机器学习、数据挖掘等。通过这些方法可以进一步总结数据的特征和规律，发现数据中的关联和模式，预测未来的发展趋势。

4. 数据可视化

数据可视化是一种多学科融合的艺术与科学，它借助图形、图像、地图、动画和其他视觉元素，将复杂抽象的数据集转化为直观易懂的视觉表现形式，旨在揭示数据中的模式、趋势和异常，促进人们对数据的快速理解和深入洞察。有效的数据可视化能够跨越语言和文化的障碍，帮助非专业人员迅速抓住数据要点，在企业决策、科学研究、教育传播和社会治理等领域具有不可估量的价值。数据可视化过程通常包括选择合适的可视化工具和技巧，如条形图、折线图、散点图、热力图、树状图、桑基图等，以及应用色彩理论、空间布局和交互设计原则，以增强数据的可读性和吸引力。数据可视化不限于静态图表，也涵盖动态和实时数据流，使用户能够实时观察数据的变化趋势。此外，一些高级数据可视化技术，如三维建模、虚拟现实和增强现实，正在推动这一领域向着更具沉浸式体验感的方向发展。

5. 数据分析报告

数据分析报告是指运用统计学、数据挖掘、机器学习等技术和方法，对收集到的数据进行深度剖析、解读与可视化呈现的一种综合性文档。它不是对数据表面信息进行简单汇总，而是深入探索数据背后隐藏的模式、趋势、关联及异常，从而为决策者提供有洞察力、前瞻性和行动导向的信息支持。在实际应用中，数据分析报告广泛应用于各行各业，如电商行业通过分析用户行为数据提升转化率，金融行业利用大数据风控模型降低信贷风险，制造业借助物联网数据分析优化生产流程等。随着数据量的爆炸性增长和数据分析技术的不断进步，数据分析报告已成为现代企业决策中不可或缺的重要工具，其重要性日益凸显。

第二节　新媒体数据分析的基本方法

新媒体数据分析方法涵盖广泛的领域，涉及多种技术和工具，旨在深入挖掘新媒体平台的数据并提取有价值的信息。常见的新媒体数据分析方法有直接评判法、对比分析法、分组分析法、平均分析法、矩阵分析法、回归分析法等。

（一）直接评判法

在新媒体数据分析中，直接评判法是一种基于经验对数据进行直观判断的方法。它通常用于对新媒体平台上的各种数据指标进行快速评估，以判断其好坏或优劣。这种方法依赖新媒体运营者对于新媒体行业的深入理解和丰富的运营经验。

直接评判法作为一种直观且直接的评估手段，在网络数据分析领域有其特定的适用场景。

（1）初步筛选与快速评估。

当面对大量数据或初步接触一个分析项目时，直接评判法可以帮助新媒体运营者快速筛选出重要信息或初步判断数据的趋势，为后续深入分析提供方向。

（2）直观指标分析。

对于某些直观性强的指标，如用户满意度调查中的评分、产品点击率等，可以运用直接评判法迅速给出评价。

（3）专家评审与主观判断。

在某些需要专家意见或主观判断的场景中，如内容质量评估、广告创意评价等，直接评判法能够充分利用专家的经验和知识，给出较为准确的判断。

（4）小规模样本分析。

当样本量较小时，直接评判法能够高效地处理数据，避免过度依赖复杂的统计模型或算法。

需要注意的是，直接评判法受限于新媒体运营者的经验和知识，评判结果较为主观。因此，在使用直接评判法时，建议结合其他更客观的量化分析方法，以获得更全面、准确的分析结果。

（二）对比分析法

对比分析法也称比较分析法，是一种通过比较不同对象或数据来认识事物本质和规律的方法。在新媒体数据分析中，对比分析法通常用于将两个或两个以上相互联系的数据进行对比，从数量差异中揭示数据背后的规律。对比分析法的本质是基于参照物得出的一种相对关系。在新媒体数据分析中，参照物的选择至关重要，它决定了分析结果的质量和准确性。新媒体运营者可以根据自己的运营目标和需求，选择合适的参照物进行对比分析，从而得出更有针对性的结论。

1. 对比分析法类型

（1）横向比较分析法。

横向比较分析法是对同一时间段不同指标的对比。例如，在新媒体数据分析中，可以对比不同新媒体平台在同一时间段的用户活跃度、内容传播效果等，从而了解各平台间的差异和优劣。

（2）纵向比较分析法。

纵向比较分析法又称垂直分析法或动态分析法，它通过计算同一指标中各个项目占总体的比重或结构，来反映各个项目与总体的关系及其变动情况。在新媒体数据分析中，这种方法可以用于对比同一新媒体平台在不同时间段的用户增长、内容产出量等，以揭示其发展趋势和变化速度。

（3）静态比较。

这种比较方法主要用于比较同一时间条件下的不同总体指标，如不同部门、不同地区、不同国家之间的比较。在新媒体数据分析中，静态比较可以应用于对比不同新媒体账号在同一时间段的粉丝数、阅读量等，从而评估各自的运营效果。

（4）动态比较。

与静态比较相对，动态比较更侧重于同一总体条件下不同时期指标数值的比较。在新媒体数据分析中，动态比较可用于分析新媒体账号的长期发展情况，如粉丝数的增长趋势、内容的传播速度等。

此外，对比分析法还可以根据研究目的和对比基础的不同，进一步细分为结构相对数、比例相对数、比较相对数、强度相对数、计划完成程度相对数以及动态相对数等多种类型。这些类型在分析新媒体数据时，都有各自的适用场景和优势。

2. 对比分析法适用场景

（1）市场趋势分析。

市场趋势分析即通过对比不同时间段或不同市场区域的数据，分析市场趋势的变化。例如，对比过去几年某个行业的销售额数据，可以了解该行业的发展趋势；对比不同地区的市场份额,可以评估市场分布的均衡性。

(2)用户行为分析。

用户行为分析即通过对比不同用户群体或同一用户在不同条件下的行为数据,分析用户行为的差异和原因。例如,通过对比不同年龄段用户的购物偏好,可以了解不同用户群体的消费习惯;通过对比用户在促销期间和非促销期间的购买行为,可以评估促销活动的效果。

(3)竞争对手分析。

竞争对手分析即通过对比自己与竞争对手在市场份额、用户评价、产品功能等方面的数据,评估自身的竞争力和市场地位。这有助于企业制定更合理的市场策略和产品规划。

(4)异常检测与预警。

异常检测与预警即通过对比历史数据与当前数据或预期数据之间的差异,检测数据中的异常情况并发出预警。这有助于企业及时发现潜在问题并采取相应措施。

(三)分组分析法

分组分析法是一种常用的数据分析方法,其核心思想是根据数据分析对象的特征,按照一定标准,将对象划分为不同的部分和类型来进行研究,以揭示其内在的联系和规律。分组分析的目的在于将总体中具有不同性质的对象区分开来,把性质相同的对象合并在一起,保持组内对象属性的一致性、组与组之间属性的差异性,以便进一步运用各种数据分析方法来比较和解构内在的数量关系,正确分析和解决问题。

分组分析法的类型可以根据指标的性质进行划分,主要包括属性指标分组和数量指标分组。属性指标分组则是根据数据的属性或特征进行分组,如性别、地区、产品类型等;而数量指标分组主要是根据数据量的大小进行分组,如销售额、用户数等,如图2-1所示。

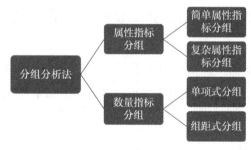

图2-1 分组分析法

1.属性指标分组

属性指标分组是根据特定的属性或指标对数据进行分组,以便更深入地理解数据集的特征和内在结构。

(1)简单属性指标分组。

简单属性指标分组是根据数据对象的非数值型特性,如性别、部门、学历等,进行直接且明确的分组。这种方法能够快速地将数据划分为不同的类别,根据每个个体的属性将其明确地归属到相应的组别中。

简单属性指标分组直观且操作简便,在实际应用中非常受欢迎。研究人员可以轻松地利用这种方法识别数据中的不同类别,并进一步分析这些类别之间的差异和联系。这种方法不仅有助于深入理解数据,还为后续的决策制定提供了有力支持。

(2) 复杂属性指标分组。

复杂属性指标分组不是依据数据对象的单一属性进行分组,而是根据分析目的,综合考虑多个层次和维度的属性指标进行分组。例如,在进行工业部门分类时,不仅要将工业分为几个大类,还进一步将其细分为多个层次,以便更精确地描述工业部门的结构和特点。这种精细分组有助于揭示数据背后更深层次的结构和规律。

为了确保分组的准确性和有效性,复杂属性指标分组需要制定统一的分类标准和分类目录。这些标准和目录的制定须基于数据的实际情况和分析需求,以确保各组之间的界限清晰明确,避免交叉或重叠。这有助于保持组内对象属性的一致性,以及组与组之间属性的差异性。

2. 数量指标分组

数量指标分组是一种根据数据的数量特征,对数据进行分组和分析的方法。它通常用于处理定量数据,通过将数据划分为不同的数量区间或等级,从而更深入地理解数据的分布、集中趋势和离散程度。数量指标分组分析法分为单项式分组和组距式分组。

(1) 单项式分组。

单项式分组是数量指标分组中的一种基本形式,它根据单一的数量指标对数据进行分组。这种方法主要用于对定量数据进行分类,以便更清晰地展示数据的分布特征和集中趋势。单项式分组通常用于描述性统计分析,如收入分布、考试成绩、产品销售量等。

(2) 组距式分组。

组距式分组通过将数据范围划分为一系列等宽的区间(即组距),并将数据点分配到这些区间,对数据进行更有效的描述和分析。组距式分组有助于简化数据结构,便于了解数据的分布特征、集中趋势和离散程度。

(四)平均分析法

平均分析法是运用平均数这一指标,反映总体在一定时间、地点条件下的一般水平。这种方法简单、直观,是数据分析中常用的技术之一。平均分析法可以用于对各种类型的数据进行分析,包括定量数据和定性数据(通过数值化处理),其涉及数值平均数和位置平均数两个指标。其中,数值平均数包括算术平均数、调和平均数和几何平均数,位置平均数包括众数和中位数,具体如图2-2所示。

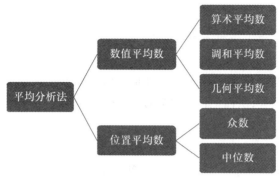

图 2-2　平均分析法

1. 数值平均数

数值平均数是用一组数据的总和除以数据的个数得到的商。它反映了数据集中所有数值的平均水平,是确定数据集中心位置的重要指标。

1) 新媒体数据分析中数值平均数的应用

(1) 描述新媒体数据特征。

数值平均数可以用于描述新媒体数据在一定条件下的一般水平,如新媒体平台的平均访问量、平均点赞数等。通过比较不同时间段或不同新媒体平台的数值平均数,可以了解数据的变化趋势和差异。

(2) 评估营销效果。

数值平均数可以作为评估新媒体营销效果的一个重要指标。例如,通过计算新媒体广告的平均点击率或平均转化率,可以评估广告的效果和投放策略的有效性。

(3) 预测未来趋势。

以历史数据的数值平均数为基础,结合其他分析方法(如时间序列分析、回归分析等)可以预测新媒体数据的未来趋势。这有助于新媒体运营者制定更合理的运营策略。

2) 数值平均数的注意事项

(1) 数据的代表性。

数值平均数容易受极端值的影响,因此在计算前需要确保数据有代表性,避免极端值对结果产生过大影响。

(2) 数据的可比性。

在比较不同数据集或不同时间段的数值平均数时,需要确保数据具有可比性。例如,比较不同新媒体平台的访问量时,需要确保统计的时间段、统计口径等一致。

(3) 结合其他指标分析。

数值平均数虽然能够反映数据的集中趋势,但不能完整地描述数据的分布情况。因此,在实际应用中,通常需要结合其他指标(如中位数、众数、标准差等)进行综合分析,以更全面地了解数据的特征和规律。

2. 位置平均数

位置平均数是按照数据在数列中的位置来确定的代表值。它主要用于描述数据分布的集中趋势,与数值平均数不同,位置平均数的确定需要考虑数据的位置和排序情况。

1)新媒体数据分析中位置平均数的应用

(1)描述数据分布特征。

位置平均数能够直观地描述数据集的分布特征。通过计算中位数和众数,可以了解数据的中心位置和普遍趋势,从而把握新媒体数据的整体情况。

(2)比较不同数据集。

通过比较不同数据集的位置平均数,可以发现它们之间的差异和相似之处。这有助于分析新媒体平台之间的差异、用户行为模式的变化等。

(3)识别异常值。

位置平均数对于识别新媒体数据中的异常值也具有一定的作用。例如,当数据中存在极端值时,中位数可能比算术平均数更能反映数据的真实水平。

2)运用位置平均数时的注意事项

(1)数据排序的准确性。

计算位置平均数时,需要对数据进行准确的排序。如果排序错误,就会导致中位数的计算结果不准确。

(2)数据集的选择。

位置平均数对于数据集的代表性要求较高,因此,在选择数据集时,需要确保其具有足够的代表性,能够反映新媒体数据的整体情况。

(3)结合其他指标分析。

虽然位置平均数能够反映数据的集中趋势,但并不能完全描述数据的分布情况。因此,在实际应用中,通常需要结合其他指标(如数值平均数、标准差等)进行综合分析,以更全面地了解数据的特征和规律。

(五)矩阵分析法

矩阵分析法是一种通过构建矩阵(即二维表)来展示和分析数据的方法。在新媒体数据分析中,我们通常选择两个重要的指标作为矩阵的横轴和纵轴,然后根据数据在这两个指标上的表现将其分配到不同的象限中。每个象限代表了不同的数据特征或状态,有助于我们更好地理解数据的分布和规律。

1. 矩阵分析法的主要应用场景

(1)SWOT分析。

SWOT分析是一种基于内外部竞争环境和竞争条件的态势分析,它可以帮助企业明确自身的优劣势以及面临的机会和挑战。矩阵分析法则可以为SWOT分析提供更为具体和量化的数据支持,使分析结果更加客观准确。

(2)BCG矩阵(波士顿咨询集团矩阵)。

矩阵分析法的关键在于选取合适的指标进行交叉分析。这些指标通常能够反映问题的主要矛盾,通过对它们进行交叉比较,可以揭示不同因素之间的关联和影响。例如,在市场分析中,可以选取市场份额和市场增长率作为指标,构建BCG矩阵,从而识别明星产品、金牛产品(即在企业产品或服务组合中,能够带来稳定收益、市场地位稳固的产品)、问题产品和瘦狗产品(即衰退类产品)。

(3) PESTEL分析。

PESTEL分析是一种宏观环境分析模型,其六个字母分别代表政治(political)、经济(economic)、社会文化(sociocultural)、技术(technological)、环境(environmental)和法律(legal)。在进行市场细分时,企业可以先利用PESTEL分析解宏观环境,确定市场的主要发展趋势和影响因素,再结合矩阵分析法对市场进行细分,明确不同产品或市场的定位和竞争态势。

(4) 风险矩阵。

风险矩阵是矩阵分析法在风险管理中的具体应用形式之一。它将风险的概率和影响程度进行量化,绘制二维矩阵,从而直观地展示不同风险的优先级。风险矩阵的横轴通常表示风险发生的概率,纵轴通常表示风险发生后对组织或项目的影响程度。通过这种方法,企业或个人可以快速识别哪些风险是需要优先关注的,并据此制定相应的风险管理措施。

2. 运用矩阵分析法时的注意事项

(1) 选择合适的矩阵类型。

在进行矩阵分析之前,应明确分析的目的和问题,并根据具体目标和问题,选择最合适的矩阵类型。

(2) 注意矩阵的维度和规模。

在处理大型矩阵时,要注意计算资源的消耗和计算效率。同时,也要确保矩阵的维度与分析问题相匹配,避免维度过多或过少导致信息损失或计算复杂度增加。

(3) 验证和比较。

通过矩阵分析法得出结论后,应运用其他方法或数据来源进行验证。同时,也可以与通过其他分析方法得出的结果进行比较,以确保分析结果的可靠性和准确性。

(六) 回归分析法

回归分析法通过研究事物发展变化的因果关系来预测事物发展的趋势,是研究变量间相互关系的一种定量预测方法。它的核心在于利用数据统计原理,对大量统计数据进行处理,从而确定因变量与某些自变量的关系。在新媒体数据分析中,回归分析法常用于研究新媒体平台数据各种变量之间的关系,并据此进行预测和决策。

1. 新媒体数据分析中回归分析法的应用

(1) 用户行为预测。

新媒体运营者可以运用回归分析法,分析用户在新媒体平台上的行为数据,如浏览时长、点击率、分享次数等,从而建立用户行为模型。这些模型可以帮助新媒体运营者预测用户未来的行为趋势,如哪些内容更能吸引用户的注意力、哪些推广策略更能促使用户进行互动。

(2) 内容效果评估。

新媒体平台上的内容质量对于吸引和留住用户至关重要。新媒体运营者可以通过回归分析法，研究内容类型、发布时间、标题设计等因素与内容效果（如阅读量、点赞数、评论数等）之间的关系。这有助于内容创作者和运营者了解哪些因素对于提升内容效果具有显著影响，从而优化内容策略。

(3) 广告效果分析。

在新媒体平台上投放广告是一种常见的营销手段。新媒体运营者可以通过回归分析法，研究广告投入（如广告费用、投放时长等）与广告效果（如点击率、转化率等）之间的关系。这有助于新媒体运营者了解广告投入与回报之间的关系，并制定更合理的广告预算和投放策略。

2. 运用回归分析法的注意事项

(1) 数据质量检查。

在进行回归分析前，应确保所收集的数据具备可靠性和有效性。同时应仔细检查数据的采集方法、样本选择是否科学，以及数据是否存在缺失值或异常值。

(2) 合理选取变量。

回归分析法通常用于研究一个或多个自变量与一个因变量之间的关系。在进行回归分析时，正确选择变量非常关键。选择过多的变量可能导致过拟合，而选择太少的变量则可能导致欠拟合。

(3) 注意多重共线性问题。

多重共线性是指在进行回归分析时，有两个或多个自变量之间存在高度的相关性。这种情况可能导致回归系数估计值不稳定，并且难以精确地评估各个自变量对因变量影响的独立贡献。

第三节　新媒体数据分析误区及规避策略

在当下的数字化浪潮中，新媒体数据分析已经成为企业管理、市场决策和内容创作的核心工具。然而，许多企业或个人在进行新媒体数据分析时，常常陷入一些误区，导致分析结果出现偏差，进而影响整个决策。为了帮助大家规避这些误区，本节将深入探讨每个误区背后的原因，并提供具体的规避策略。

（一）数据收集误区及规避策略

1. 样本偏差

样本偏差指的是在统计学和数据分析中，样本数据与总体数据之间存在差异。这种差异可能是多种原因造成的,如选择偏差、幸存者偏差、回忆偏差、测量偏差、响应偏差等。样本偏差会影响分析结果的准确性和可靠性,导致得出误导性的结论,降低决策的质量,并可能损害分析机构或研究人员的信誉。因此,在进行数据分析和统计研究时,需要采取措施来减少样本偏差的影响,确保样本的代表性和数据的准确性。

规避样本偏差一般可以采用以下几种方式。

(1)制定科学的抽样方案。

根据研究目的和实际情况,制定科学的抽样方案,确保样本具有代表性和广泛性。可以采用随机抽样、分层抽样等方法来减少主观性和局限性。

(2)扩大样本范围。

在数据收集过程中,应尽可能扩大样本范围,涵盖不同地区、不同年龄段、不同职业群体等,以反映整体情况。

(3)增加样本数量。

在保证样本质量的前提下,适当增加样本数量,可以提高分析结果的稳定性和可靠性。同时,要注意避免过拟合,确保模型的泛化能力。

(4)利用多种数据来源。

除了传统的问卷调查、访谈等方式外,还可以利用社交媒体、电商平台等多种数据来源进行数据收集。这样可以更全面地了解市场需求和消费者行为,提高分析的准确性。

2. 数据来源单一

数据来源单一指的是在数据收集过程中,过度依赖某一种或少数几种数据来源,而忽视了其他可能同样重要或更具代表性的数据来源。这种单一性可能表现为只依赖某个特定平台的数据、只采用某一种数据收集方法或只关注某一类数据等。

1)数据来源单一对数据分析的影响

(1)分析结果不全面。

单一的数据来源往往只能反映某一方面的信息,无法涵盖所有相关因素。这可能导致分析结果不够全面,无法准确反映整体情况。

(2)分析结果偏颇。

不同的数据来源可能具有不同的特点和倾向性。如果仅依赖某一种数据来源,可能导致分析结果偏向于该数据源的特点,从而失去客观性。

(3)缺乏对比和验证。

单一的数据来源无法进行不同来源之间的对比和验证,使得分析结果缺乏可靠性和说服力。

2)数据来源单一的规避策略

(1)多元化数据来源。

在数据收集过程中,应尽量拓展数据来源渠道,收集不同平台、不同类型的数据。这样可以确保收集到的数据更加全面客观。

(2)结合实际情况选择数据源。

在选择数据源时,应结合实际情况和分析目的进行综合考虑。不同的数据源可能适用于不同的场景和问题,因此需要灵活选择。

(3) 进行数据质量评估。

数据收集之后,应对其进行质量评估,包括数据的准确性、完整性、一致性等。这有助于筛选高质量的数据,提高分析结果的可靠性。

(4) 利用先进技术辅助数据收集。

随着技术的发展,越来越多的先进工具和技术可用于数据收集工作,可以有效提升数据收集的效率和准确性。例如,可以使用爬虫技术从多个平台收集数据,还可以使用自然语言处理技术从文本数据中提取有用信息。

(二)数据处理误区及规避策略

1. 数据清洗不彻底

1)数据清洗不彻底的表现

(1) 缺失值处理不当。

在数据集中,存在数据缺失值是常见的问题。如果不对缺失值进行有效处理,如填充或删除,将导致分析结果出现偏差。

(2) 异常值未识别。

异常值是指那些明显偏离正常范围的数据点。数据清洗中应识别并处理这些异常值,以避免其对分析结果产生不良影响。

(3) 重复数据未去除。

数据集中可能存在重复数据,这些重复数据不仅增加了数据处理的复杂性,还可能导致分析结果失真。

2)数据清洗不彻底的影响

(1) 分析结果偏差。

由于数据清洗不彻底,数据集中的错误、缺失和异常值可能导致分析结果存在偏差,无法真实反映实际情况。

(2) 决策失误。

基于不准确的数据分析结果,企业可能做出错误的决策,导致资源浪费、市场定位错误或竞争失利。

(3) 降低数据质量。

数据清洗不彻底会降低整体数据质量,影响后续数据分析的准确性和可靠性。

3)数据清洗不彻底的解决策略

(1) 制定详细的数据清洗规则。

明确数据清洗的目标和步骤,包括缺失值处理、异常值识别、重复数据去除等,确保每个步骤都有明确的操作指南和判断标准。

(2)使用自动化工具。

借助数据清洗工具或软件,自动识别和处理数据集中的问题数据,提高数据清洗的效率和准确性。

(3)人工审核与校验。

尽管自动化工具可以完成大部分数据清洗工作,但人工审核与校验仍是必不可少的环节。通过人工检查,可以发现并处理自动化工具可能遗漏的问题。

(4)持续监控与改进。

数据清洗是一个持续的过程,需要定期监控数据质量并进行必要的调整和改进。同时,随着业务的发展和数据的变化,数据清洗规则和方法也需要不断更新和优化。

2. 数据标准化不统一

1)数据标准化不统一表现及影响

(1)度量单位不一致。

不同的数据源可能采用不同的度量单位,如长度单位可能是米、厘米或英寸,时间单位可能是秒、分钟或小时。如果不进行统一转换,将无法准确地进行数据比较和分析。

(2)数据范围差异。

不同数据集的数据范围可能存在较大差异,有些数据集的值域可能很小,有些数据集的值域可能很大。这种差异会导致在数据整合和比较时出现问题,影响分析结果的准确性。

(3)数据格式不统一。

不同的数据源可能采用不同的数据格式,如文本、数字、日期等。这些格式差异可能导致数据处理和分析过程中出现错误、造成混淆。

2)数据标准化不统一的解决策略

(1)制定统一的数据标准化规范。

制定明确的数据标准化规则和标准,包括对度量单位、数据范围和数据格式等方面的统一要求,并确保所有参与数据分析和处理的人员都了解并遵循这些规范。

(2)数据转换与映射。

可以对于已存在的各类标准化数据,进行数据转换与映射,将不同来源的数据转换为统一的格式和标准。这可以通过编写自定义脚本或使用数据转换工具来实现。

(3)数据整合平台。

利用数据整合平台或数据仓库等工具,可以集中管理和统一不同来源的数据。这些平台通常提供数据清洗、转换和整合功能,能够自动处理数据标准化的问题。

(4)数据分析人员培训。

加强数据分析人员的培训,提高他们的数据标准化意识和技能,确保他们了解数据标准化的重要性,并能够在日常工作中自觉遵守相关规范。

（三）分析方法误区及规避策略

1. 方法选择不当

1）方法选择不当表现及其影响

（1）盲目追求复杂方法。

有些分析人员过于迷信复杂的数据分析方法，认为只有使用高级的算法和模型才能得到准确的结果。然而，复杂的方法并不一定适用于所有情况，有时简单的方法反而更加有效。

（2）忽视数据特性。

不同的数据具有不同的特性和分布规律，需要采用不同的分析方法。如果忽视数据的特性，盲目选择方法，很可能导致分析结果失真。

（3）缺乏对比与验证。

在选择分析方法时，如果缺乏与其他方法的对比和验证，就无法确定所选方法的优劣和适用性。

2）方法选择不当的改进策略

（1）深入了解数据特性。

在进行数据分析之前，应充分了解数据的来源、类型、分布等特性，以便选择适合的分析方法。

（2）对比与验证不同方法。

在选择分析方法时，应对比不同方法的优劣和适用性，通过实际数据验证其准确性。可以使用交叉验证、模型评估等技术手段来评估不同方法的性能。

（3）简化与优化方法。

在保证分析结果准确性的前提下，尽量简化分析方法，提高分析效率。同时，可以针对特定问题优化现有方法或提出新的分析方法。

（4）提升分析人员技能。

加强分析人员的技能培训，使其掌握更多的数据分析方法和工具使用方法，能够根据实际情况灵活选择合适的方法。

2. 过拟合

1）过拟合的原因

在新媒体数据分析中，过拟合主要表现为模型能够完美拟合训练数据，但无法有效泛化应用到新的数据上。当模型过于复杂、参数过多时，就很容易出现对训练数据的"记忆"而非"学习"，从而导致过拟合。此外，数据噪声、特征选择不当以及模型验证不足也是导致过拟合的常见原因。

2）过拟合的影响

过拟合对新媒体数据分析的影响是深远的。首先，它降低了模型的预测精度和稳定性，使得对新数据的分析表现不佳。其次，过拟合可能导致企业基于错误的分析结果做出决策，造成资源浪费和市场定位失误。最后,过拟合还可能降低数据分析的可信度和企业的竞争力。

3)规避过拟合的策略

在数据分析方法选择时我们可以采取以下方式规避过拟合问题。

(1)简化模型。

通过减少模型的复杂度和参数数量,降低模型对训练数据的依赖,提高其泛化能力。

(2)增加数据量。

更多的数据可以提供更丰富的信息,有助于模型"学习"数据的内在规律,而非"记忆"训练数据。

(3)特征选择。

通过合理的特征选择,去除与目标变量相关性不强的特征,减少模型的复杂度,降低过拟合的风险。

(4)交叉验证。

采用交叉验证的方法,将数据分为训练集和验证集,通过多次训练和验证,评估模型的性能,避免过拟合。

(四)结果解读误区及其规避策略

1. 片面解读

1)片面解读的表现

片面解读主要体现在数据分析仅关注数据中的某一部分或某一指标,而忽略其他可能同样重要的信息。这种解读方式往往导致对整体情况的误判,无法全面反映数据的真实价值和意义。例如,某些企业可能只关注用户数量的增长,而忽略了用户的活跃度、留存率等关键指标,从而得出过于乐观的结论。

2)片面解读产生的原因

首先,数据分析人员的专业能力和经验不足导致其无法全面理解和分析数据。其次,企业对某些指标的过度关注也可能影响数据分析人员的解读倾向。最后,数据分析过程中的数据选择、处理方法等也可能影响据分析人员对结果的解读。

3)片面解读的解决策略

(1)提升数据分析人员的专业素养。

加强对数据分析人员的培训,提高其专业能力和对数据的敏感度。同时,鼓励数据分析人员拓宽视野,关注更多关键指标和信息。

(2)建立全面的数据分析体系。

企业应建立涵盖多个关键指标的数据分析体系,确保数据结果的解读能够全面反映整体情况。同时,定期对数据分析体系进行审查和更新,以适应市场和用户的变化。

(3)加强对数据结果的审查和验证。

在对数据结果进行解读的过程中,数据分析人员应加强审查和验证工作,确保解读的准确性和客观性。可以邀请多个部门或专家对数据结果进行共同解读和讨论,避免单一视角导致片面解读。

(4)营造数据驱动决策的文化氛围。

企业应积极营造数据驱动决策的文化氛围,鼓励员工关注数据、理解数据、利用数据。同时,建立数据分析和决策之间的反馈机制,不断优化对数据分析过程和结果的解读方式。

2. 因果关系误判

1)因果关系误判表现及影响

因果关系误判主要表现为数据分析人员错误地将两个变量之间的相关性解读为因果关系。相关性是指两个或多个变量之间的关系,而因果关系则是一个变量导致另一个变量发生变化的关系。相关性并不等同于因果关系。两个变量之间存在统计学意义上的相关性,并不意味着其中一个变量是另一个变量发生变化的原因。在新媒体数据分析中,这种误判可能导致企业错误地认为某种行为或策略是特定结果的原因,从而做出不恰当的决策。

2)因果关系误判产生的原因

(1)对数据的片面理解。

数据分析人员可能只关注数据之间的表面联系,而没有深入挖掘其背后的复杂关系和逻辑。

(2)缺乏足够的证据支持。

判断因果关系需要充分的证据和逻辑推理。然而,有些分析人员仅根据有限的数据或直观感受就做出因果关系的判断。

(3)先入为主的观念影响。

人们往往受到先入为主的观念影响,将已有的认知或假设强加于数据分析结果,从而误判因果关系。

3)因果关系误判的改进策略

(1)深入理解数据。

数据分析人员应全面理解数据的来源、收集和处理过程,避免片面理解数据。同时,数据分析人员还应关注数据之间的复杂关系和逻辑,以更准确地判断因果关系。

(2)收集足够的证据。

判断因果关系需要收集充分的证据并进行周密的逻辑推理,包括使用多种数据来源的数据和分析方法进行验证,以及考虑其他可能的解释和因素。

(3)保持客观和开放的态度。

数据分析人员应保持客观和开放的态度,避免受到先入为主观念的影响。数据分析人员应以数据和事实为依据,进行客观的分析和判断。

(4)利用专业工具和方法。

专业的数据分析工具和方法可以帮助数据分析人员更准确地判断因果关系。例如,可以使用回归分析、因果推断等方法来检验变量之间的因果关系。

(五)决策应用误区及其规避策略

1. 忽视实际情况

1)忽视实际情况的表现及影响

忽视实际情况主要表现为数据分析人员在进行新媒体数据分析时,过于依赖数据模型和算法,而忽略了实际的市场环境、用户需求、竞争态势等因素。忽视实际情况对新媒体数据决策有诸多负面影响。首先,可能导致企业制定不切实际的战略和计划,浪费资源和时间。其次,可能导致企业错失市场机会,无法及时应对市场变化。最后,长期忽视实际情况还可能损害企业的声誉和信誉,影响企业的长期发展。

2)忽视实际情况产生的原因

(1)对数据分析的过度迷信。

过度迷信数据分析的准确性和可靠性,认为只要通过数据分析就能得出正确的决策。然而,数据分析只是一种工具和方法,其准确性和可靠性受到多种因素的影响,如数据质量、模型选择等。

(2)缺乏实际经验。

在进行新媒体数据分析时,数据分析人员如果缺乏实际的市场经验和用户洞察力,就会导致分析结果与实际情况存在较大差距。

(3)沟通不畅。

沟通不畅会导致数据分析人员无法充分了解实际情况,从而影响决策的准确性。

3)忽视实际情况的解决策略

(1)结合实际情况进行分析。

在进行数据分析时,企业应充分考虑实际的市场环境、用户需求、竞争态势等因素,将数据分析结果与实际情况相结合,以进行更准确的决策。

(2)加强实际经验的积累。

企业应鼓励员工积极参与市场实践,积累实践经验,提升市场敏感度和洞察力。同时,加强与行业内其他企业的交流与合作,学习借鉴其他企业的成功经验。

(3)加强内部沟通与合作。

企业应建立有效的沟通机制,促进各部门之间的信息共享和协作。通过加强内部沟通,数据分析人员可以更好地了解实际情况,为决策提供更有价值的建议。

(4)持续学习与改进。

企业应持续关注新媒体数据分析领域的发展动态和技术更新,加强对员工的培训,提高员工的数据分析能力。同时,对决策过程进行反思和总结,不断优化决策流程。

2. 决策滞后

1)决策滞后的表现

决策滞后主要表现为对新媒体数据分析结果的应对速度过慢,无法及时做出有效的决策。当市场趋势、用户需求或竞争态势发生变化时,若不能及时捕捉并做出相应调整,便会失去先机,陷入被动局面。

2)决策滞后产生的原因

决策滞后产生的原因多种多样,主要包括以下几个方面。

(1)数据分析流程烦琐。

一些数据分析流程过于复杂,涉及多个部门和环节,导致数据分析结果无法及时传递到决策层。这种烦琐的流程不仅降低了工作效率,还增加了决策滞后的风险。

(2)决策层对数据分析的认知不足。

部分决策层对新媒体数据分析的重要性和价值缺乏足够的认识,将其视为次要工作或仅作为参考依据。这种观念上的偏差导致决策层在数据分析结果显示需要做出调整时犹豫不决,错失决策时机。

(3)内部沟通不畅。

内部沟通不畅可能导致数据分析结果无法及时传达相关决策人员。此外,决策层与执行层之间的沟通障碍也可能导致决策无法得到有效执行。

3)决策滞后的解决策略

为了规避决策滞后的误区,应采取以下策略。

(1)优化数据分析流程。

简化数据分析流程,减少不必要的环节和部门,提高数据分析的效率和准确性。同时,建立快速响应机制,确保数据分析结果能够及时传递给决策层。

(2)提高决策层对数据分析的认知。

加强对决策层的培训和教育,提高其对新媒体数据分析的重要性和价值的认识。通过案例分析、经验分享等方式,使决策层深刻认识到数据分析在决策中的关键作用。

(3)加强内部沟通与合作。

建立有效的沟通机制,促进各部门之间信息互通共享。通过定期召开会议、建立信息共享平台等方式,确保数据分析结果能够及时传达相关决策人员。

(4)建立快速反应机制。

根据市场变化和竞争态势,建立快速反应机制,确保决策层在面对新媒体数据分析结果时能够迅速反应,并做出决策。同时,加强对决策执行情况的监督和评估,确保决策得到有效执行。

第三章 新媒体数据采集

新媒体数据采集是新媒体数据分析基本流程中的第一个环节,指从各种新媒体平台上收集和获取数据的过程。随着互联网和移动通信技术的快速发展,新媒体平台如在线论坛、微博、博客、视频分享平台等成为信息传播和互动的重要渠道。在这个信息爆炸的时代,了解并利用新媒体数据是各行各业决策者和研究者的必备技能。通过采集新媒体数据,我们可以获得用户行为特征、内容趋势、市场洞察等方面的有价值的信息。新媒体数据采集的目的通常是为市场研究、舆情分析、品牌监测、用户反馈分析等提供支持。能否广泛、全面地采集和获取新媒体数据,对后续的数据预处理、数据分析、数据可视化等环节有很大的影响。本章的内容涉及新媒体数据采集前准备工作、新媒体数据采集来源以及新媒体数据采集工具,此外,还对集搜客抓取抖音短视频进行了案例分析。

第一节 新媒体数据采集前准备工作

随着科技的飞速发展和社会信息化的深入推进,新媒体数据采集成了解社会趋势、分析用户行为的重要手段。用户在进行新媒体数据采集之前,需要进行一些准备工作。这些准备工作可以确保数据采集人员能够有效地获取有用的信息,以确保数据采集的准确性、完整性和合法性。充分的准备工作是保证数据质量和研究成果可靠性的关键。本节内容将介绍新媒体数据采集前的具体准备工作。

(一)数据采集前的伦理与法律考虑

随着新媒体在我们的日常生活中扮演着越来越重要的角色,对其进行数据采集已经成为许多学术研究和商业活动的重要组成部分。然而,这种数据采集行为涉及众多个人隐私和信息,因此在进行新媒体数据采集前,我们必须认真考虑新媒体数据中的伦理和法律因素,以确保我们的行为是合法、合规且道德的。

1. 伦理考虑

(1) 尊重用户隐私权。

在进行新媒体数据采集时,尊重用户的隐私权是首要原则。用户个人的在线行为记录和数据往往是敏感信息,研究者或企业需要谨慎处理用户的个人信息,确保其不被滥用或泄露。

(2) 透明沟通与知情同意。

在进行数据采集前,应当通过清晰、透明的沟通方式向用户解释采集的目的、范围和可能的影响,让用户清楚了解个人数据将被用于何处,并取得用户的知情同意。

(3) 公正公平。

数据采集的过程应遵循公正公平原则,避免对某些特定群体或个体进行歧视性的数据采集,确保采集的数据不会导致不平等或不公正的结果。

2. 法律考虑

(1) 遵守相关隐私法规。

很多国家和地区都制定了关于隐私保护的法律法规,例如欧盟的《通用数据保护条例》(GDPR)、美国的《在线儿童隐私保护法》(COPPA)等。在新媒体数据采集的过程中,务必遵守相关法律法规。

(2) 数据安全和保护。

数据采集前要进行数据保护工作,以防止数据泄露或被未授权的第三方访问。可以采取合适的加密措施和安全控制,确保数据的机密性和完整性。

在进行新媒体数据采集前,我们需要深刻认识相关伦理和法律的重要性,在遵循道德规范、尊重隐私、遵守法律法规的前提下,保护被调查者的权益,确保数据采集的合法性和可靠性。这不仅是对个体权益的尊重,也是建设信任关系、推动数据驱动研究和业务发展的关键一步。

(二) 确定研究问题及目标

在新媒体时代,数据被认为是一种宝贵的资源,其对于深入了解社会情况、分析用户行为和市场趋势至关重要。在进行新媒体数据采集之前,确定研究问题及目标是确保数据采集有效性和研究成果实用性的基础。

1. 确定研究问题

(1) 确定研究领域。

在进行新媒体数据采集前,首先需要明确研究领域是关于社交媒体的用户行为,还是关于特定平台的话题传播。只有事先明确研究领域,在选择数据采集的对象和方法时才能更有针对性。

(2)界定研究范围。

新媒体涉及领域广泛,因此需要在确定研究领域的基础上,进一步界定具体的研究范围。例如,确定研究领域为社交媒体的用户行为后,还可以进一步界定研究范围为用户互动。界定研究范围有助于提高研究的深度。

(3)具有创新性和实用价值。

研究问题应具有一定的创新性和实用价值,应当关注一些尚未被深入研究的问题,或者通过新的角度解读已有问题,使研究更具学术价值和实际应用意义。

2. 设定研究目标

(1)具体而明确。

研究目标应具体而明确,明确要解决的问题,防止研究过于泛化或缺乏方向性。例如,关注用户在社交媒体上的行为,还可以进一步明确要关注的具体行为类型,如点赞、评论、分享等。

(2)可量化。

设定可量化的目标有助于后续数据分析和结果验证工作。例如,如果研究目标是了解某一话题的热度,目标可以设定为通过数据采集获得相关指标,如转发量、讨论频率等。

(3)与研究问题一致。

研究目标应与研究问题保持一致,确保在数据采集的过程中能够有针对性地收集与研究问题相关的信息,避免无效或冗余的数据采集。

(三)选择合适的数据采集工具

在信息时代,新媒体数据的采集变得愈发重要,其为了解用户行为、社会趋势以及市场动态提供了宝贵资源。数据采集工具是连接信息源和数据分析系统的桥梁,其利用不同的技术手段,从多样化的数据源中提取、收集、整理信息,为后续的数据分析和结果验证工作提供支持。以下将简单罗列一些常用的数据采集工具,并简要阐述选择合适的数据采集工具应注意的事项。

1. 数据采集工具分类

(1)网络爬虫。

网络爬虫是一种通过自动化程序在互联网上抓取信息的工具,它可以在互联网上自动收集信息,并将其存储供后续分析使用。其优势在于高效快速、能够实现大规模数据的采集、适用于多种类型的网页。需要注意的是,使用网络爬虫需要遵循网站规则,避免违反网站的隐私政策和相关法律法规。

(2)API接口。

许多新媒体平台(如微信、微博、Facebook等)都提供API(application programming interface)接口,允许开发者访问平台上的数据。通过调用API,开发者可以获取丰富的数据,如用户信息、发布内容等。其优势在于可以直接获取结构化数据,且获得的数据质量较高。但使用API时需遵循平台的数据使用规范,注意调用频率限制,确保操作合法合规。

(3) 社交媒体分析工具。

一些专业的社交媒体分析工具,如 Hootsuite、Brandwatch 等,为用户提供了操作便捷的界面和强大的分析功能,能够有效帮助用户深入了解社交媒体上的信息。其优势在于能够进行可视化分析、实时监测数据、深度洞察社交媒体数据。选择社交媒体分析工具时要根据具体需求,同时关注其费用和隐私条款。

2. 如何选择合适的数据采集工具

(1) 明确采集目标。

在选择数据采集工具之前,先要明确采集的目标。根据不同的目标,选择不同数据类型和数据来源。明确的目标有助于选择更为适用的工具。

(2) 分析数据类型和来源。

针对不同的数据类型和来源,需要采用不同的数据采集工具。了解数据的特点有助于选择具备相应功能的工具,提高所采集数据的准确性和可用性。

(3) 考虑工具的特性和性能。

在选择数据采集工具时,需要考虑其特性和性能,包括但不限于其可支持的数据源、采集速度、灵活性、易用性等因素。

(4) 关注数据安全和合规性。

数据安全和合规性是选择数据采集工具时不可忽视的重要因素,要确保所选数据采集工具符合相关法律法规和标准,以避免潜在的法律风险和信任问题。

(四)明确数据采集范围与时间周期

在信息时代,企业和组织在做决策时,对数据的依赖程度越来越高。为了确保采集的数据对业务决策有实际作用,在进行数据采集工作前需要明确数据采集的范围和时间周期,以便更好地应对业务需求和数据的动态变化。

1. 确定数据采集范围

(1) 目标明确。

在确定数据采集范围时,要明确采集的目标,确定需要收集的信息类型、数据来源,并密切关注相关业务方面的信息。这有助于确保采集到的数据对业务决策产生实质性的影响。

(2) 考虑业务需求。

业务需求是确定数据采集范围的关键。数据采集人员应与业务团队密切合作,了解他们的关切点、关键业绩指标(KPI)以及未来的发展计划,以便将采集的数据与业务目标对齐。

(3) 确保数据完整性。

在确定数据采集范围时,应确保采集到的数据是全面的。要全面考虑涉及业务决策的所有关键信息,避免局限于某一方面,以确保所采集数据的全面性和综合性。

(4)评估资源可用性。

在进行数据采集前应考虑到数据采集过程中可能需要的资源,包括技术人员、设备、软件等,以确保所选定的范围是可行的。适度的资源投入可以确保采集过程的高效和顺畅。

2. 确定数据采集时间周期

(1)确定采集频率。

根据业务需求和数据变化的速度,确定数据采集的频率。有些业务可能需要实时数据,而有些业务则可能需要每日、每周或每月的定期采集。

(2)考虑季节性和周期性。

在确定时间周期时,要考虑数据是否存在季节性或周期性变化。根据业务的性质,确定采集的时间周期是否需要随季节或周期变化而调整。

(3)灵活应对变化。

在确定时间周期时,要考虑业务和数据的动态性。设计灵活的时间框架,使其能够适应未来业务需求的变化,确保采集到的数据在较长的一段时间内具有实时性和可用性。

(五)测试和验证

测试和验证是确保数据品质和采集效果所不可或缺的步骤。用户在正式进行新媒体数据采集前应先进行测试和验证工作,以确保采集到的数据准确、完整且具有可信度。

1. 数据采集工具测试

(1)功能测试。

对选用的数据采集工具进行功能测试,确保各项功能正常运作,包括对数据爬取、存储、导出等功能的验证,以避免在正式采集时出现未知的技术问题。

(2)兼容性测试。

测试数据采集工具与不同操作系统、浏览器版本的兼容性,确保其在各种环境下都能正常运行。

(3)性能测试。

性能测试即评估数据采集工具在进行大规模数据爬取时的性能表现,以确保其在实际应用中能够达到相关数据处理速度要求。

2. 数据源验证

(1)数据准确性验证。

在正式采集前,验证数据源的准确性。通过对比已有数据和新采集数据,确认数据源是否稳定、准确。

(2)数据完整性验证。

检查数据源的完整性,确保数据源提供的信息是完整的,没有缺失或损坏的数据。

(3)数据时效性验证。

检验数据源的时效性,确保所采集的数据是最新的,特别是对于需要实时数据的场景。

3. 数据格式与结构验证

（1）数据格式一致性。

验证采集到的数据是否符合统一的格式标准，确保数据的一致性，方便后续的处理和分析。

（2）数据结构完整性。

检查数据结构的完整性，确保每一项数据都有对应的标签或字段，方便后续的数据整合和分析。

4. 数据质量验证

（1）重复数据检测。

运用合适的方法和工具检测是否存在重复的数据，防止重复信息对后续分析造成影响。

（2）异常数据检测。

通过设定合适的阈值，检测并处理异常数据，确保采集到的数据质量高，符合实际情况。

5. 数据隐私和安全性验证

（1）隐私保护。

确保采集到的数据符合相关法律法规和隐私条款要求，对于敏感信息采取合适的措施进行脱敏或加密处理。

（2）安全性验证。

检查数据传输和存储的安全性，采用加密技术等手段确保数据在传输和存储过程中不会受到恶意攻击。

6. 实际应用测试

（1）数据应用场景验证。

在正式采集前，模拟真实的数据应用场景，验证采集到的数据能否满足业务需求。

（2）数据一致性验证。

将采集到的数据与从其他数据源得到的数据进行对比，验证不同数据源提供的数据之间的一致性，以确保数据的整合性和可信度。

第二节　新媒体数据采集来源

随着数字化时代的到来，新媒体数据成为信息社会中不可或缺的一部分。从社交媒体到在线公开数据库，各种平台都在不断生成大量的数据，数据来源为研究者、企业家和决策者深入洞察社会趋势和用户行为提供了有力的支持。本节将介绍新媒体数据的采集来源,为新媒体采集工作顺利开展奠定基础。

(一)网络公开数据库

网络公开数据库是一种包含丰富信息、可供公众自由获取和使用的数据库。这类数据库中的信息通常由政府、研究机构、企业等组织提供,并以开放标准和格式呈现。公开数据库建立的目的在于提高信息透明度,促进信息共享和社会参与,为各个领域的研究、创新和决策提供基础数据采集来源。在此简单罗列几个网络公开数据库。

1. 国家统计局数据库

国家统计局数据库是中国政府提供的公开数据资源,承载着关于中国社会的大量统计数据,数据库界面如图3-1所示。

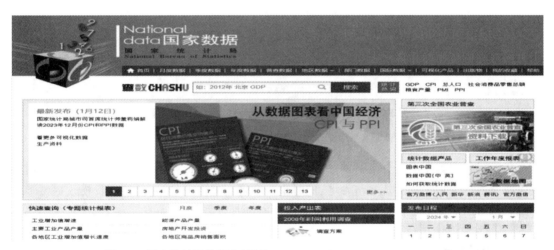

图3-1　国家统计局数据库(网址:https://data.stats.gov.cn/index.htm)

国家统计局数据库是中国社会数字化发展的重要组成部分,以数据的开放性和透明度著称。政府通过不断提高数据的可获取性,鼓励研究者、企业和公众更积极地利用这些数据,从而推动社会的信息共享和科学研究的深入发展。因此,该数据库不仅是政府决策的重要参考,也是进行学术研究和社会分析的重要资源。国家统计局数据库的数据包括人口与社会统计数据、经济数据、社会民生数据、环境与资源数据等,通过深入挖掘这一数字宝库,我们能够更全面地理解中国社会的发展、经济状况、人口变化等多方面的情况,能够更清晰地看到中国社会的面貌,为未来的发展和决策提供科学依据。

(1)人口与社会统计数据。

国家统计局数据库中的数据涵盖人口普查、城乡人口、劳动力等丰富的人口统计数据。人口是社会的基础,人口与社会相关的统计数据为政府制定人口政策、促进社会发展提供了有力的数据支持。国家统计局数据库人口与社会统计数据界面如图3-2所示。

图 3-2　国家统计局数据库人口与社会统计数据界面

（2）经济数据。

国家统计局数据库中有丰富的经济数据，如国内生产总值、国民总收入等。这些数据为政府决策提供了重要的宏观经济参考，同时也为学者研究产业结构、经济增长模式提供了深入洞察的机会。国家统计局数据库经济统计数据界面如图3-3所示。

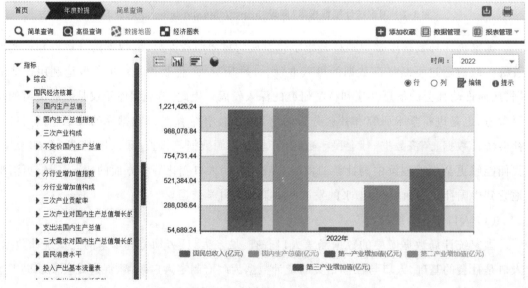

图 3-3　国家统计局数据库经济统计数据界面

(3) 社会民生数据。

在社会民生方面,国家统计局数据库提供了教育、卫生、社保等方面的数据。这些信息不仅有助于政府改善公共服务,也为社会研究者分析社会福利、公平问题提供了数据依据。

(4) 环境与资源数据。

随着对环境可持续发展问题的日益重视,国家统计局数据库中纳入了关于能源消耗、资源利用效率、环境质量等方面的数据,为政府制定环境保护策略和可持续发展规划提供了有力的支持。

2. 中国互联网络信息中心

中国互联网络信息中心(CNNIC)是中国互联网发展领域的权威机构,负责收集、整理、分析互联网相关数据(相关界面如图3-4所示)。中国互联网络信息中心可以提供互联网用户数量、普及率、应用领域等方面的数据。这些数据为政府、企业和研究机构提供了深刻了解互联网发展趋势的机遇,帮助各行各业更好地制定发展战略和政策。

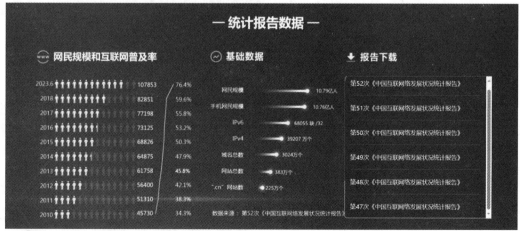

图3-4　中国互联网络信息中心(https://www.cnnic.net.cn)界面

中国互联网络信息中心的统计报告主要包括以下内容。

(1) 互联网普及和使用情况。

包括互联网用户数量、普及率、使用设备(PC、移动设备)等方面的数据,可用于了解互联网在中国的普及程度和用户行为。

(2) 域名和IP资源管理。

中国互联网络信息中心负责中国顶级域名(.cn)的注册和管理,以及IPv4和IPv6地址资源的分配管理。

(3) 网络基础设施和宽带发展。

包括网络基础设施的建设和发展情况、宽带接入的普及率、速度等方面的数据,可用于了解网络基础设施的建设水平。

(4) 网络安全和网络攻击监测。

包括网络安全态势、网络攻击监测、网络威胁等方面的数据,可用于采取相关措施保障网络安全和提高网络抵御风险能力。

(5) 互联网应用和服务数据。

对各类互联网应用和服务的调查和统计,包括但不限于搜索引擎使用、社交媒体使用、在线购物、在线支付等。

(6) 社交媒体数据。

包括社交媒体平台的用户数量、活跃度、内容传播情况等方面的数据,以了解社交媒体的影响力和用户行为。

(7) 移动互联网和移动应用数据。

包括移动互联网用户数量、应用下载量、应用使用情况等方面的数据,可用于分析移动互联网发展趋势和行业发展趋势。

(8) 电子商务和在线支付数据。

包括电子商务平台的交易额、用户规模、在线支付的普及情况等方面的数据,可用于了解电子商务发展情况。

(9) 在线新闻和数字内容数据。

包括在线新闻的传播情况、数字内容的创作和传播状况等方面的数据,可用于分析数字媒体的发展趋势。

(10) 在线教育和数字文化数据。

包括在线教育的用户规模、数字文化产业的发展情况等方面的数据,可用于了解数字文化和教育的变革。

(11) 互联网治理和法规遵从数据。

包括法规遵从、网络信息安全等方面的数据,可用于推动互联网法治和规范。

(12) 公共服务和政务服务数据。

包括互联网在公共服务和政务服务中的应用情况方面的数据,可用于评估互联网对社会公共服务的促进作用。

3. 中国综合社会调查

中国综合社会调查(CGSS)是由中国社会科学院等相关机构组织实施的一项全国性社会调查项目,其内容涵盖社会、经济、教育、健康、文化、科技等多个领域(界面如图3-5所示)。具体而言,中国综合社会调查项目包括但不限于人口统计、经济、社会福利、健康状况、居住状况、社会关系、文化娱乐、科技与信息等方面,旨在形成全面、多层次、长期的社会数据体系。

图3-5 中国综合社会调查(网址:http://cgss.ruc.edu.cn/)界面

(1)人口统计数据。

人口统计数据是社会研究的重要领域,涵盖多个方面的基本人口信息,包括人口的年龄分布、性别比例、民族构成、教育水平、职业结构、户籍类型、婚姻状况、人口增长率以及城市化水平等。人口统计数据为相关学者深入洞察社会人口结构、特征和趋势提供数据支持。例如,根据这些数据可以总结不同年龄段和不同性别的人口分布、多元文化社会的民族构成,以及城市与农村居民的比例。

(2)经济数据。

经济数据涉及多个方面,包括收入水平、就业状况、企业经营、贫困与社会救助、消费行为、金融状况和经济不平等,提供了社会经济状况的全面信息。这些数据有助于指导宏观经济政策、社会福利措施的制定,有利于促进社会的可持续发展。

(3)社会福利数据。

社会福利数据包括社会保障覆盖率、医疗保险、教育福利、住房福利、养老福利、就业培训和社会援助等各项数据,为相关学者提供了全面洞察社会福利体系的数据支持。通过这些数据可以统计参与福利计划的人口比例,并调查不同福利领域的受益者的具体情况,为政府、研究机构和社会组织评估社会福利政策效果提供了相关依据。

(4) 教育数据。

教育数据涉及学历分布、教育投入、学生就读情况、教育资源分布、职业教育、教育质量评估以及在线教育和科技应用等多个方面，反映了教育领域的整体情况。通过统计不同群体的学历水平、研究教育资源的分布，以及评估教育体系的质量的相关数据，可以为政府、研究机构和决策者提供重要的决策依据。

(5) 健康状况数据。

健康状况数据涉及多个关键方面，包括统计不同群体的健康状况、研究医疗服务利用、调查健康行为、医疗资源分布、健康保险覆盖、流行病学调查和老年健康等多个方面，为全面观测公众健康提供了支持。

(6) 居住状况数据。

居住状况数据包括住房类型、居住面积、住房拥有状况、居住地区、居住稳定性和居住环境等。通过这些数据可以统计不同群体的住房情况、研究居住地区的分布，为政府、城市规划机构和决策者提供有关社会居住状况的翔实信息。

(7) 社会关系数据。

社会关系数据涉及家庭结构、社会网络、社交活动、邻里关系、工作关系和社会支持等方面。通过这些数据可以统计不同类型的家庭结构、研究人际关系网络、调查社交活动和邻里关系，深入了解社会中的人际互动和网络信息，有助于政府、社会组织和研究机构更好地了解社会结构，促进社会融合，提升社会福祉。

(8) 文化娱乐数据。

文化娱乐数据涉及文化活动参与、娱乐消费、互联网文化消费、体育活动参与、图书阅读和娱乐媒体使用等，提供了公众文化活动和娱乐消费的关键信息。通过这些数据可以统计参与各种文化活动的频率、调查娱乐消费习惯，以及分析互联网文化和娱乐媒体的使用情况，为政府、文化产业从业者和决策者提供深入了解公众文化消费和娱乐活动参与水平的工具。

(9) 科技与信息数据。

科技与信息数据涉及数字技术的普及程度、互联网使用情况、电子支付的普及程度、科技创新参与、信息安全关注程度和数字素养水平等，提供了有关科技应用和信息社会发展的关键信息。通过这些数据可以统计数字技术的普及、调查互联网使用情况，以及评估信息安全和公众的数字素养水平，为政府、科技产业从业者和决策者提供深入了解数字社会发展和公众科技应用水平的依据。

（二）网络社交媒体平台数据

网络社交媒体平台数据是指在网络社交媒体平台上生成的各种信息和记录，包括用户的行为、内容、互动等多个方面。这些数据形成了一个庞大而多样的信息池，可以用于分析用户行为、了解社交网络结构、进行舆情监测等。最常见的网络社交媒体平台数据包括微博、微信、抖音等。

1. 微博数据

微博作为一种社交媒体平台,为用户提供了一个分享意见、交流观点、获取信息的开放空间。在这个独特的社交生态系统中,每天都有大量的数据生成,这些丰富的信息涵盖各个领域和主题。

(1)用户数据。

微博中的用户数据包括注册用户数、活跃用户数、用户增长率等,通过这些数据可以了解微博用户规模和增长情况。

(2)内容数据。

内容数据包括微博信息数、转发数、评论数、点赞数等,通过这些数据可以了解用户在微博上的行为和互动情况。

(3)社交关系数据。

社交关系数据包括粉丝数、关注数、互动关系等,通过这些数据可以了解用户之间的社交关系和网络结构。

(4)话题和趋势数据。

话题和趋势数据包括热门话题、流行趋势等相关数据,通过这些数据可以了解用户关注的社会热点和行业发展趋势。

(5)广告和商业数据。

广告和商业数据包括广告收入、付费服务收入等相关数据,通过这些数据可以了解微博的商业模式和盈利能力。

2. 微信数据

微信是一款被广泛使用的即时通信应用程序,它提供了多种功能和服务,包括文字聊天、语音通话、视频通话、朋友圈、公众号等。其中,微信公众号作为微信生态系统中的一个重要组成部分,发挥着信息发布、内容传播和社交互动的重要作用,其后台为运营者提供了丰富的数据统计和分析功能,以帮助运营者更好地了解其内容的表现、受众的行为以及整体运营情况。

(1)用户数据。

微信公众号后台为运营者提供了多维度的用户数据,包括粉丝的关注与取消关注情况、粉丝分布情况(地域、性别、年龄)、用户增长趋势、活跃用户统计、用户标签管理、用户行为分析(浏览、点击链接、图文消息阅读)、互动数据(留言、回复)、用户设备分布以及用户关注来源。

(2)文章数据。

文章数据包括每篇文章的阅读量、阅读人数、点赞次数、评论次数、转发次数、分享次数等。同时还提供了原文阅读比例和阅读时段的信息。

(3)图文消息数据。

图文消息数据包括图文消息的阅读量、分享转发数、阅读人数、原文阅读比例、转发朋友数、收藏次数等。

(4)群发数据。

群发数据包括群发次数和参与人数、群发阅读量、群发成功率、群发用户增长、群发转发次数、群发用户活跃度、群发用户互动以及群发消息设备分布和时段分布等。

(5)广告投放数据。

广告投放数据包括广告点击量、广告花费、展示量、点击率、转化率、广告素材互动数据、转化成本、广告时段分布以及广告地域分布等。

(6)互动数据。

互动数据包括留言次数、回复次数、点赞次数、分享次数、收藏次数、关注次数、图文消息点击率、图文消息阅读量以及用户互动路径等。

(7)其他运营数据。

微信公众号后台还提供了其他重要的运营数据,包括活跃用户数量、文章分享次数、客服消息回复率、用户增长趋势、新增粉丝成本、用户流失率、消息推送效果、二维码扫描次数等,这些数据涵盖公众号整体运营、用户互动、推广效果等多个方面。

3. 抖音数据

抖音是一款基于短视频分享的社交平台,用户可以通过拍摄、编辑和分享短视频,与其他用户进行互动和交流。抖音的后台数据涵盖平台的各个方面,包括用户数据、内容数据、互动数据、广告数据、商业数据等。

(1)用户数据。

抖音拥有庞大的用户基础,涵盖各个年龄段和不同地区的用户。抖音的用户数据包括注册用户数量、活跃用户数量、用户地域分布数据、用户年龄分布数据等,这些数据对于了解用户群体特征和行为习惯至关重要。

(2)内容数据。

抖音上的内容类型丰富多样,涵盖搞笑、美妆、美食、音乐、舞蹈等各个领域。内容数据包括视频数量、播放量、点赞数、评论数、分享数等,反映了不同类型内容的受欢迎程度和传播效果。

(3)互动数据。

互动数据包括用户之间的点赞、评论、分享等行为数据,还包括用户与平台的互动,比如用户关注数量、私信数量等。这些数据可以反映用户对内容的喜爱和参与程度。

(4)广告数据。

作为一款商业化程度较高的社交平台,抖音还涉及广告投放和营销活动。广告数据包括广告投放数量、点击量、转化率等,对于广告主来说,这些数据是评估广告效果和制定投放策略的重要依据。

(5)商业数据。

除了广告业务外,抖音还涉及电商销售、品牌推广等商业活动。这些商业活动生成的商业数据包括电商销售额、合作品牌数量、品牌活动效果数据等。这些数据反映了抖音作为一个商业平台的价值和潜力。

（三）调查和报告数据

调查和报告数据是通过对特定主题、问题或目标群体进行调查得到的信息,通常用于分析、总结和传达特定的研究结果或发现。这些数据通常包括定量数据和定性数据两种类型。

1. 定量数据

（1）数量性数据。

数量性数据包括数量、比例、频率等,通常通过网络收集调查问卷或由统计机构收集,例如,人口普查中的人口数量统计。

（2）数值数据。

数值数据指具体的数字或度量值,如年龄、收入、销售额等。这些数据可以通过问卷调查、统计报告等方法收集。

（3）量表数据。

量表数据指使用标准化的量表测量的数据,如满意度、信任度等。这些数据可以帮助评估特定主题或问题的相关情况。

2. 定性数据

（1）文字描述。

文字描述指对现象、观点或情感用文字进行描述,通常通过深度访谈或内容分析等方法收集。例如,关于产品特性或服务体验的用户评论数据。

（2）案例分析。

案例分析指对个别案例或事件进行详细分析,以获取深入理解。这些案例可以通过采访、观察或文献研究等方法收集。

（3）图像、视频或音频资料。

图像、视频或音频资料指通过视听媒体记录获取的信息,例如图片、录像、音频采访等。这些资料可以提供直观、生动的数据。

（四）网站分析工具数据

网站分析工具是用于收集、分析网站数据的软件或服务。这些工具中的数据可以帮助网站所有者和管理员了解访问者的行为、网站流量、关键指标等,并提供数据可视化、报告生成等功能,以帮助他们优化网站内容、布局和功能,提升用户体验和网站效果。

1. 访问量和用户数据

访问量:网站的访问次数,一个访问被定义为一段连续的互动,例如页面浏览、事件触发等。

用户数:访问网站的独立用户数量。

新用户:首次访问网站的用户数量。

页面浏览量：网站上所有页面被访问的总次数。

平均停留时间：每个访问者在网站的平均停留时间。

跳出率：查看一个页面后离开网站的访问占总访问的百分比。

受访者地理位置：访问者的地理位置分布情况。

2. 流量来源及渠道

来源/媒介：指定访问者的来源，如搜索引擎、社交媒体、直接访问等。

关键字：访问者搜索使用的关键字。

社交媒体来源：来自社交媒体的访问量及其来源。

引荐网站：将流量引导至网站的其他网站或链接。

广告点击量：广告投放带来的点击量。

3. 内容数据

热门页面：访问量最高的页面。

入口页面：访问者首次进入网站的页面。

退出页面：访问者离开网站的页面。

流量流向：访问者在网站内不同页面之间的流量流向。

内容互动：页面上的互动行为，如点击链接、下载文件等。

4. 设备和技术

设备类型：访问者使用的设备类型，如桌面电脑、手机、平板电脑等。

操作系统：访问者使用的操作系统。

浏览器：访问者使用的浏览器类型和版本。

5. 转化数据

目标完成：完成特定目标的访问次数，如提交表单、注册账号等。

转化率：完成特定目标的访问占总访问的百分比。

电子商务数据：网站销售额、订单数量、平均订单价值等。

第三节　新媒体数据采集工具

在数字化时代，新媒体数据成为企业、机构和个人了解市场趋势、洞察用户行为以及制定营销策略的重要依据。为了有效获取和分析这些数据，各种新媒体数据采集工具应运而生。本节将介绍几种常用的新媒体数据采集工具，帮助读者了解其功能和用途，以便采集工作的顺利开展。

(一)网络爬虫

网络爬虫(又称网页蜘蛛)是一种按照一定的规则,自动地抓取万维网信息的程序或者脚本。它的主要功能是自动抓取网页内容,可以高效率地完成各种信息收集任务,如实时收集网络上的信息、进行网络爬行、网络搜索、更新网络信息等。

网络爬虫使用特定的算法来抓取网页的具体内容,包括图像、文字、视频、音频等。网络爬虫本质上是一种自动化技术,它可以根据用户指定的URL地址,自动获取网页上的信息,并将其保存到本地或者存储在数据库中。网络爬虫技术还可以用来模拟人的行为、评估网站质量、测试网站可用性、优化网站等。

网络爬虫的基本工作原理很简单,就是通过发出HTTP请求,自动抓取返回的网页内容,并解析这些网页内容,从而获取有用的信息。这种技术为Web数据挖掘和Web信息抽取打下了基础,也是支持Web搜索引擎运作的重要技术。

我们所熟知的Java、C++、Python、R等语言都可以用于编写网络爬虫代码。使用Python编写网络爬虫来采集数据时,一般包括以下几个步骤。

1. 导入必要的库

在Python中导入一些库来处理HTTP请求和页面解析(见图3-6)。常用的库包括用于发送HTTP请求的"requests",以及用于解析HTML页面的"BeautifulSoup"或"lxml"。

```python
import requests
from bs4 import BeautifulSoup
```

图3-6 在Python中导入库

2. 发送HTTP请求获取页面内容

使用requests库发送HTTP请求,并获取页面的内容(见图3-7)。

```python
url = 'https://example.com'
response = requests.get(url)
```

图3-7 发送HTTP请求

3. 解析页面内容

使用BeautifulSoup库解析页面的HTML内容,并提取需要的数据(见图3-8)。

```python
soup = BeautifulSoup(response.text, 'html.parser')
```

图3-8 解析页面内容

4. 定位目标数据

通过查找 HTML 页面中的元素,定位目标数据(见图3-9)。

```python
target_data = soup.find('div', class_='target-class')
```

图 3-9　定位目标数据

5. 提取数据

从定位的目标元素中提取需要的数据(见图3-10)。

```python
data = target_data.text
```

图 3-10　提取数据

以下是一个简单的代码示例(见图3-11),用于从一个网页中提取特定元素的文本内容。

```python
import requests
from bs4 import BeautifulSoup

url = 'https://example.com'
response = requests.get(url)

if response.status_code == 200:
    soup = BeautifulSoup(response.text, 'html.parser')
    target_data = soup.find('div', class_='target-class')

    if target_data:
        data = target_data.text
        print(data)
    else:
        print("未找到目标数据")
else:
    print("请求失败:", response.status_code)
```

图 3-11　代码示例

(二) 第三方交互式网络信息采集器

第三方交互式网络信息采集器是一种用于从互联网上收集信息的工具。这些工具通常具有方便用户操作的界面和便捷的交互功能,使用户能够轻松地选择感兴趣的数据源、自定义搜索条件,并获取所需的信息。

1. 八爪鱼采集器

八爪鱼采集器是一款功能强大的网页数据采集工具,它能够帮助用户快速、准确地从互联网上抓取所需的数据,并将这些数据导出为 Excel、CSV 等格式,方便用户进一步分析和处理。下面将详细介绍八爪鱼采集器的使用方法。

(1)下载和安装。

首先,用户需要前往八爪鱼官网(https://www.bazhuayu.com/)下载八爪鱼采集器的安装程序,并按照提示进行安装。安装完成后,用户可以打开八爪鱼采集器并登录账户(如果没有账户,需要先注册),界面如图 3-12 所示。

图 3-12　八爪鱼采集器界面

(2)创建采集任务。

用户可以在八爪鱼采集器界面点击"新建任务"按钮创建一个新的数据采集任务。用户需要输入任务名称,并选择所需的数据采集模式(如网页采集、API 采集等)。如图 3-13 所示。

图 3-13　创建采集任务界面

（3）设置抓取规则。

创建新任务后,用户需要设置数据抓取规则。八爪鱼采集器提供了智能抓取功能,用户只需输入目标网页的 URL,八爪鱼采集器就会自动分析页面结构并生成抓取规则。用户还可以根据需要自定义抓取规则,例如选择需要抓取的数据字段、设置数据过滤条件等。

（4）配置数据输出选项。

设置抓取规则后,用户需要配置数据输出选项。八爪鱼采集器支持多种数据输出格式,包括 Excel、CSV、JSON 等。用户可以选择合适的输出格式,并设置数据保存路径和文件名。

（5）运行采集任务。

配置数据输出选项后,用户可以点击"运行"按钮启动数据采集任务。八爪鱼采集器会自动访问目标网页并按照设定的抓取规则提取数据。用户可以实时查看抓取进度和结果,并在必要时进行调整。

（6）导出数据。

数据采集任务完成后,用户可以点击"导出数据"按钮将抓取的数据保存到本地。用户可以根据需要进一步处理和分析数据,或者直接将数据用于其他应用程序。

此外,除了手动运行数据采集任务外,八爪鱼采集器还支持定时启动任务和批量采集功能。用户可以设置任务定时,定期自动执行数据采集任务;还可以批量添加多个任务,一次性完成多个数据采集任务。在使用八爪鱼采集器时,需要注意以下几点。第一,遵守网站的"robots.txt"协议,不要采集禁止采集的内容。第二,避免给目标网站带来过大的访问压力,以免对网站造成不良影响。第三,在配置采集规则时,要确保规则的准确性和完整性,以免采集到错误数据或遗漏数据。

2. 集搜客采集器

集搜客采集器是一款功能强大的网络数据采集工具,它可以帮助用户从互联网上快速、高效地获取各种类型的数据。无论是采集网页内容、抓取图片、提取文本信息,还是进行数据挖掘和分析,集搜客采集器都能轻松实现。下面将详细介绍集搜客采集器的使用方法。

（1）安装与启动。

首先用户需要从集搜客官方网站(https://www.gooseeker.com/)(或其他可信来源)下载并安装集搜客采集器软件(界面如图 3-14 所示)。

（2）操作界面介绍。

集搜客采集器的操作界面通常分为菜单栏、工具栏、任务列表、配置面板等部分。菜单栏包含各种功能选项,例如文件操作、任务管理、设置等。工具栏提供了常用操作的快捷按钮,方便用户使用。任务列表显示了当前所有的采集任务,用户可以在这里管理和监控任务的执行情况。配置面板用于设置采集参数,包括采集目标、数据存储方式、采集规则等。

（3）创建新任务。

在界面中点击"新建任务"按钮或者在菜单栏中选择"文件"—"新建任务"来创建一个新的采集任务。之后,在新任务配置面板中,输入任务名称并设置采集参数,包括目标网址、采

图 3-14 集搜客启动页面

集规则、数据存储路径等。在该阶段,用户可以根据自身需求,选择不同的采集方式,如网页抓取、数据抽取、图片下载等。

(4)配置采集规则。

集搜客采集器提供了强大的规则配置功能,用户可以通过简单的操作定义需要采集的内容。用户可以使用自动识别功能来快速生成采集规则,也可以手动设置规则来精确提取目标数据。

(5)启动任务。

配置完成后,用户就可以点击"开始采集"按钮,集搜客采集器将自动执行任务。抓取数据过程中,用户可以在任务列表实时查看任务的执行进度和结果,包括已采集的数据量、成功率等信息。

(6)数据导出与分析。

采集完成后,用户可以将数据导出到本地文件或数据库中,以便进一步分析和处理。集搜客采集器支持多种数据格式的导出,如 CSV、Excel、JSON 等,用户可以根据需要选择合适的格式。

此外,集搜客采集器还支持定时启动任务和批量采集功能,用户可以预先设置任务执行时间,实现自动化采集。批量采集功能可以同时处理多个任务,提高数据采集效率,使用集搜客采集器需注意以下几点。

① 采集过程中遵守相关法律法规,尊重网站的数据使用政策。

② 采集过程中,合理控制采集频率,避免给目标网站带来过大压力。

③ 如遇到采集失败或其他问题,可查看软件日志或联系客服获取帮助。

3. 后羿采集器

后羿采集器是一款功能强大的网络数据采集工具，它可以帮助用户快速、准确地从互联网上抓取所需的数据，并进行整理、分析和存储。无论是用于市场调研、舆情监控还是数据挖掘，后羿采集器都能提供强大的支持。下面将详细介绍后羿采集器的使用方法。

（1）安装与启动。

首先，用户需要从官方网站（https://www.houyicaiji.com/）下载后羿采集器的安装包，并按照提示完成安装。然后启动软件，进入主界面（见图3-15）。

图3-15　后羿采集器主界面

（2）新建任务。

用户可以在主界面点击"新建任务"按钮，创建一个新的采集任务。

（3）设置采集规则。

在新建任务界面中，用户可以根据自己的需求设置采集规则，包括目标网站、采集内容、过滤条件等。

（4）开始采集。

设置完成后，用户需要点击"开始采集"按钮，软件将开始按照设定的规则抓取数据。

（5）查看与管理数据。

采集完成后，用户可以在软件界面查看和管理采集到的数据，还能进行数据的预览、导出、删除等操作。

在使用后羿采集器进行数据采集时，务必遵守相关法律法规，尊重网站的数据版权和隐私保护条款。此外，为避免对目标网站造成过大的访问压力，建议合理设置采集频率。建议定期从官方网站下载并安装最新版本的后羿采集器，保持软件的稳定性和功能更新。

第四节 案例分析——集搜客抓取抖音短视频数据

抖音短视频数据是抖音平台生成的各种数据,包括但不限于视频播放量、点赞数、评论数、转发数等。这些数据可以帮助内容创作者和营销者分析用户行为、热门话题、内容趋势等,为内容创作者和营销者提供决策支持。通过对这些数据的收集和分析,内容创作者和营销者可以更好地了解用户的偏好和行为,制定更有效的内容策略和营销方案。接下来以集搜客采集器如何采集抖音短视频关键词数据为例进行分析。

1. 运行集搜客采集器

首先,在集搜客官网下载安装集搜客网络爬虫软件,下载好后登录进入页面,检查右下角服务器连接是否正常(见图3-16)。

图3-16　下载集搜客网络爬虫软件

2. 登录抖音网站

在集搜客的数据管家中新开一个页签,在新页签中打开抖音网站(https://www.douyin.com/),并登录一个抖音账号(见图3-17)。

图 3-17　集搜客中登录抖音账号

3. 选择采集对象

点击集搜客采集器左侧边栏的"快捷采集"按钮,进入快捷采集界面,根据类别、网站、页面选择所要采集的对象(见图 3-18)。

图 3-18　集搜客快捷采集界面

4. 操作步骤

(1) 获得网址。

在抖音的页面上,输入要搜索的关键词,点击搜索,把浏览器地址栏的网址复制出来。

比如搜索"春晚"(见图3-19),复制出来的网址就是:https://www.douyin.com/search/%E6%98%A5%E6%99%9A?aid=6857e9f3-bbdd-4084-a45b-55b6751d4583&publish_time=0&sort_type=0&source=normal_search&type=general。

图3-19　集搜客快捷采集—获得网址

(2)粘贴网址,启动采集。

把上一步得到的网址粘贴到快捷工具的网址输入栏,选择采集的页面范围并启动采集程序(见图3-20)。

图3-20　集搜客启动采集程序界面

(3) 采集中的爬虫窗口。

点击"获取数据"之后,会自动弹出两个采集窗口(窗口右下方有绿色的状态球):一个窗口加载网页,采集数据;另一个窗口打包上传数据(见图3-21)。两个采集窗口工作时,注意不要关闭,否则采集将会失败。

图3-21 集搜客采集窗口

(4) 打包下载数据。

在采集窗口弹出的同时,还会弹出一个快捷采集管理窗口。采集完成后,数据管理中的采集状态会从橙色的"采集中",变成绿色的"已采集",然后即可打包下载数据(见图3-22)。

图3-22 集搜客采集数据完成

第四章 新媒体数据预处理

新媒体数据预处理指对从各类新媒体平台获取的原始数据进行清洗、加工的过程,这是新媒体数据分析流程中的第二个环节,也是进行数据分析的关键步骤。由于新媒体数据(如社交媒体帖子、新闻文章、博客等)通常是非结构化的,含有大量的噪声、无关信息和不规则格式,因此需要进行一系列预处理来提取有用的数据信息并使其适合进一步分析,这包括去除重复数据、处理缺失值、进行文本清洗、提取关键信息等,以确保数据的质量和可用性。

随着新媒体的快速发展,不断生成的海量数据成为人们了解用户行为、洞察市场趋势的宝贵资源。为了确保从这些数据中提取准确、可靠的信息,必须对其进行有效的预处理。

第一节 新媒体数据可用性判别标准

在数据分析领域,由于新媒体平台产生和处理的数据量庞大且复杂,确保新媒体数据的可用性尤为重要,这需要采取一系列措施,包括数据清洗、验证、整合、保护和管理等。这些措施旨在确保数据的准确性、完整性、可靠性和安全性,以满足用户对数据的各种需求。此外,随着人工智能、大数据等技术的发展,人们对新媒体数据可用性的要求也在不断提高。例如,在一些情况下需要利用机器学习算法对新媒体数据进行分类、聚类和预测等,以提供更加精准和个性化的信息和服务。我们在确保数据可用性的同时,还需要加强数据安全和隐私保护,确保用户数据不被泄露或滥用。

在开展新媒体数据预处理工作前,需明确新媒体数据可用性判别标准。新媒体数据可用性判别标准是用于评估新媒体数据是否适合某种特定用途的一系列准则和条件。这些判别标准可以帮助用户确定数据的质量、准确性和可靠性,从而确保数据能够有效地支持决策、分析或研究。以下是新媒体数据可用性判别的主要标准。

一、数据准确性

(1) 准确性。

数据应准确反映实际情况,无误导性信息。

(2) 误差范围。

数据允许的误差范围应明确,并在可接受范围内。

(3) 数据校验。

使用校验方法(如重复数据检测、交叉验证等)确保数据准确性。

二、数据完整性

(1) 数据完整性。

确保数据没有遗漏、损坏或缺失。

(2) 数据覆盖度。

数据应全面覆盖所需的信息范围,无重要遗漏。

(3) 数据一致性。

同一数据集中的数据格式和规范要保持一致,这有助于避免混淆和提高数据的可比性。

三、数据可靠性

(1) 数据源可靠性。

确保数据来源于可靠且权威的媒体或机构。从官方渠道或可验证的来源获取数据有助于确保数据质量。

(2) 数据更新频率。

数据应定期更新。

(3) 数据稳定性。

数据波动应在合理范围内,避免异常值或突然变化。

四、数据可理解性

(1) 数据清晰性。

数据应易于理解,无有歧义或模棱两可的信息,用户能够准确理解其含义。

(2) 数据文档化。

提供详细的数据文档,解释数据含义、来源和处理方法。

(3) 数据可视化。

使用图表、图像等可视化工具帮助用户更好地理解数据。

五、数据可获取性

(1) 数据访问权限。

确保用户拥有合法访问数据的权限和途径。

(2) 数据格式兼容性。

应确保数据使用的是常用软件或工具易于处理的格式。

(3) 数据导出功能。

提供数据导出功能,方便用户将数据转移至其他平台或工具。

六、数据时效性

(1) 数据时效性要求。

数据应能够及时反映当前状态,没有过时的信息,确保数据具有足够的时效性。从新媒体平台获取实时信息至关重要。

(2) 数据发布时间。

数据应及时发布,以满足用户对最新信息的需求。

七、数据合规性

(1) 遵循法律法规。

确保数据的收集、处理和使用符合相关法律法规要求。

(2) 隐私保护。

保护用户隐私,避免数据泄露或滥用。

第二节 数据清洗

在数字化时代,新媒体数据已成为许多企业和机构进行决策分析的重要依据。然而,在这些数据中往往存在大量的噪声,如重复、不完整或错误的信息。新媒体数据包括社交媒体帖子、博客文章、新闻报道、视频描述等方面的数据,具有非结构化、动态变化和多样化的特点。在数据收集过程中,由于各种原因(如数据源不一致、数据采集错误、人为失误等),数据中不可避免地存在各种问题。这些问题可能导致数据分析结果不准确、有误导性甚至无效。为了确保数据质量和数据分析的准确性,新媒体数据清洗成为一个至关重要的步骤。

(一) 缺失值处理

缺失值是指在数据集中,某些变量的值未能被记录或获取,导致这些位置上的数据是空的或未知的。缺失值可能是由多种原因造成的,例如数据采集过程中的错误、网络传输时的数据丢失、数据整合时的疏漏,或者是人为遗漏、数据采集设备和存储设备发生故障等。

1. 处理缺失值的方式

(1) 删除法。

整例删除:当某个样本中缺失值较多时,可以选择直接删除该样本。这种方法简单易行,但可能导致有效样本量大大减少,特别是当缺失值不是随机分布时。因此,这种方法只适用于缺失值比例较小或缺失数据对整体分析影响不大的情况。

变量删除:如果某个变量的缺失值较多,且该变量对研究问题不是特别重要,可以选择删除该变量。这种方法可以保持数据集的完整性,但可能会损失一些有用信息。

(2) 插补法。

均值插补:对于数值型变量,可以使用该变量的平均值来插补缺失值。这种方法简单易行,但可能导致新的偏差,特别是当缺失值不是随机分布时。

中位数插补:与均值插补类似,但使用中位数来替代缺失值。这种方法对于偏态分布的数据更为稳妥。

众数插补:对于非数值型变量,可以使用该变量的众数(即出现频率最高的值)来插补缺失值。这种方法适用于类别型变量,但可能忽略了其他潜在的有效信息。

热卡填充:从完整的数据集中找到一个与含有缺失值的样本最相似的对象,然后用这个相似对象的值来填充缺失值。这种方法考虑了样本之间的相似性,但可能受到数据集大小和分布的影响。

(3) 建模预测。

建模预测是将缺失的属性作为预测目标,利用现有的机器学习算法对缺失值进行预测。这种方法可以充分利用数据集中的信息,但需要选择合适的预测模型和参数,并考虑模型的泛化能力。

(4) 特殊值填充。

将空值作为一种特殊的属性值来处理,用特定的值(如"unknown""NULL"等)来填充缺失值。这种方法保留了缺失值的信息,但可能需要在后续分析中特别处理这些特殊值。

需要注意的是,处理缺失值的方法应根据具体情况来选择,并在处理过程中保持对数据集和数据分析目标的深入理解。同时,处理缺失值后应对数据进行进一步的验证和测试,以确保处理结果的准确性和可靠性。此外,对于某些重要的缺失值,可能还需要结合领域知识和专家意见处理。

2. 缺失值的查找与替换

在数据表中,缺失值最常见的表现形式是空值或者错误标识符。在Excel中,用户可以使用查找和替换功能来处理缺失值。以下是详细的步骤。

1) 查找缺失值

(1) 定位缺失值。

在Excel中,缺失值可能以空单元格、特定占位符(如"#N/A""空"等)或其他形式出现。

(2) 使用"查找"功能。

选中包含数据的整个区域或特定列。然后,按以"Ctrl+F"组合键打开"查找和替换"对话框。在"查找内容"框中输入要查找的缺失值标识,例如空单元格可以直接留空,或输入特定的占位符。

(3) 查找所有缺失值。

点击"查找全部"按钮,Excel会列出所有匹配项的位置。用户可以通过滚动列表查看所有找到的缺失值,并定位到它们在工作表中的位置。

2) 替换缺失值

(1) 使用"替换"功能。

在"查找和替换"对话框中,切换到"替换"选项卡。此时,"查找内容"框中应已显示之前输入的缺失值标识。

(2) 输入替换值。

在"替换为"框中输入希望用来替换缺失值的内容。这可以是一个固定的值、一个公式或其他任何用户希望使用的内容。

(3) 执行替换操作。

点击"全部替换"按钮,Excel会将所有找到的缺失值替换为用户指定的内容。用户也可以选择"替换"按钮,逐个查看并确认替换操作。

在进行操作时应注意以下事项。第一,在执行替换操作之前,建议备份原始数据,以防出现难以预料的问题。第二,如果数据中包含公式或其他动态内容,替换操作可能对这些内容产生影响。因此,在替换之前,请确保已经了解这些影响并做好准备。第三,对于大型数据集,替换操作可能需要一些时间来完成,用户需要耐心等待,并确保Excel程序在操作过程中保持响应状态。

通过以上步骤,用户可以使用Excel的查找和替换功能来查找并替换缺失值。这可以帮助用户更高效地处理数据,并确保数据的完整性和准确性。

3) 使用Excel查找和替换的具体演示

下面是使用Excel演示查找并替换缺失值的方法步骤。

(1) 缺失值为空值。

这种情况下,查找并替换缺失值的操作步骤如图4-1至4-5所示。

图4-1　选择"定位条件"选项

新媒体数据分析与应用

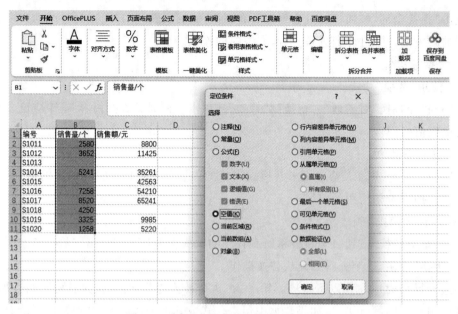

图 4-2　选择"定位条件"选项中的"空值"

图 4-3　定位缺失空值处

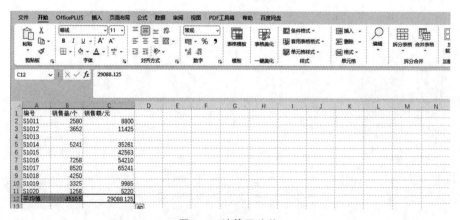

图 4-4　计算平均值

图 4-5　填充缺失数据

（2）缺失值为错误标识符。

这种情况下，查找并替换缺失值的操作步骤如图 4-6 至 4-7 所示。

图 4-6　表中缺失值为错误标识符

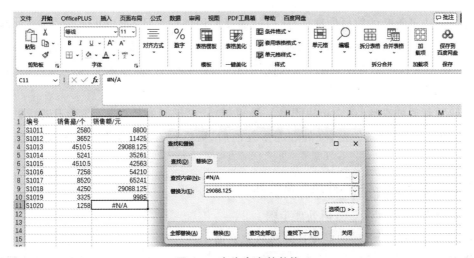

图 4-7　查找内容并替换

（二）重复值处理

在数据处理和分析的过程中，重复值处理是一个常见的任务。重复值可能会导致数据冗余、误导分析结果或影响模型性能。因此，识别和处理重复值是确保数据质量的重要步骤。以下是一些处理重复值的常用方法。

1. 删除重复值

在 Excel 中，用户可以使用"删除重复项"功能来快速删除重复的记录。先选择数据区域，然后在"数据"选项卡下找到"删除重复项"功能。在弹出的对话框中，用户可以选择基于哪些列来删除重复项。

在其他数据处理工具中（如 Python 的 pandas 库），也有类似的删除重复值的函数或方法。

2. 标记重复值

如果不想直接删除重复值，而是希望识别它们以便进行进一步分析，可以使用标记重复值的方法。在 Excel 中，用户可以使用条件格式来突出显示重复值。选择数据区域，然后在"开始"选项卡下选择"条件格式"，再选择"突出显示单元格规则"中的"重复值"。

通过这种方法，可以快速识别哪些值是重复的，并根据需要进一步处理。

3. 使用高级筛选功能

Excel 的高级筛选功能也可以用来处理重复值。通过高级筛选，用户可以将不重复的记录复制到另一个位置，从而得到一个不包含重复值的数据集。

具体操作步骤为：在数据选项卡下选择"高级"，然后在弹出的对话框中选择"将筛选结果复制到其他位置"，并设定要复制到的单元格位置；然后在"列表区域"中选择原始数据区域，并确保"选择不重复记录"复选框被选中。

4. 使用编程工具

对于一些更复杂的数据处理任务，可能需要使用编程工具（如 Python、R 等）来处理重复值。这些工具提供了丰富的数据处理和分析库，可以帮助用户更高效地处理大量数据。例如，在 Python 的 pandas 库中，用户可以使用 drop_duplicates() 函数来删除重复行，或者使用 duplicated() 函数来标记重复值。

进行重复值处理后，用户可以得到一个更干净、更准确的数据集，有利于进行更有效的分析和建模。需要注意的是，在处理完重复值后，需要再次检查数据以确保处理结果的准确性。

5. 使用 Excel 查找并删除重复值的具体演示

下面使用 Excel 演示重复值处理步骤。

1）使用"删除重复值"功能查找并删除重复值

使用 Excel "删除重复值"功能查找并删除重复值是一种高效且便捷的数据处理方法。

这个功能可以直接识别并删除数据集中的重复值,确保数据的唯一性和准确性。

(1)选择数据区域。

用户首先需要选中包含重复值的数据区域。在 Excel 中,可以同时选中多个单元格区域。

(2)打开"删除重复值"功能。

在 Excel 的"数据"选项卡中"数据工具"模块,找到"删除重复值"的功能按钮。点击它,会弹出一个对话框,用于进一步配置删除重复值的操作(见图 4-8)。

图 4-8　点击"删除重复值"按钮弹出的对话框

(3)配置删除选项。

在"删除重复值"对话框中,可以看到所有选中列的名称。用户可以通过勾选或取消勾选,来指定对哪些列进行删除重复值操作(见图 4-9)。如果勾选所有列,那么只有当所有列的值都完全相同时,行才会被视为重复并被删除。如果只勾选某些列,那么只有当这些特定列的值相同时,行才会被视为重复并被删除。其他未勾选的列的值即使不同,也不会影响重复项的判断。

(4)执行删除操作。

配置好删除选项后,点击"确定"按钮。Excel 将开始查找并删除选定的重复值。这个过程可能会需要一些时间,具体取决于数据集的大小和复杂性。

(5)检查结果。

删除操作完成后,Excel 会显示删除了多少重复值,并保留了多少唯一值(见图 4-10)。用户可以通过检查数据来确认重复值是否已被成功删除。

需要注意的是,在使用"删除重复值"功能之前,最好先备份原始数据。这样,如果发生

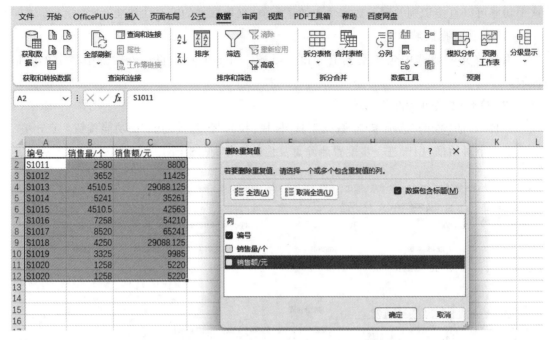

图 4-9 勾选列

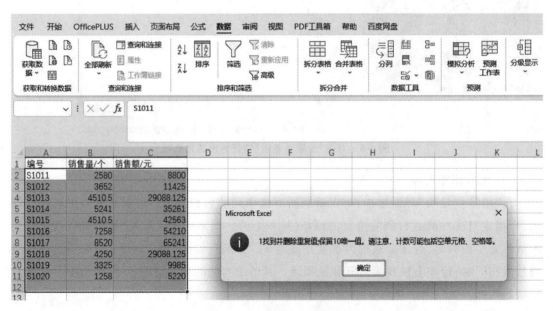

图 4-10 完成删除重复值操作

任何意外情况或误操作,用户可以轻松地恢复到原始状态。此外,对于包含大量数据的工作表,删除重复值可能会消耗一定的计算资源和时间。因此,在执行此操作之前,最好关闭其他不必要的程序和应用,以确保 Excel 能够高效地完成任务。

2) 使用"排序"功能查找并删除重复值

使用排序功能查找并删除重复值是一种常见的数据处理方法。这种方法主要基于这样一个原理:当数据被排序后,相同的值会被聚集在一起,从而更容易被识别和处理。以下是使用排序功能查找并删除重复值的详细步骤。

(1)排序数据。

① 选择数据区域。

首先,用户需要选中要排序数据的区域。选中的区域可以是一列(行)或多列(行),具体取决于用户的需求。

② 打开排序功能。

在Excel中,用户可以通过点击"数据"选项卡下的"排序"按钮来打开排序功能。对于其他数据处理工具,用户可能需要查找相应的排序功能或方法。

③ 设置排序条件。

在排序对话框中,用户可以选择要对哪些列或行进行排序,以及排序的方式(升序或降序)(见图4-11)。一般来说,选择升序排序更容易查找重复值。

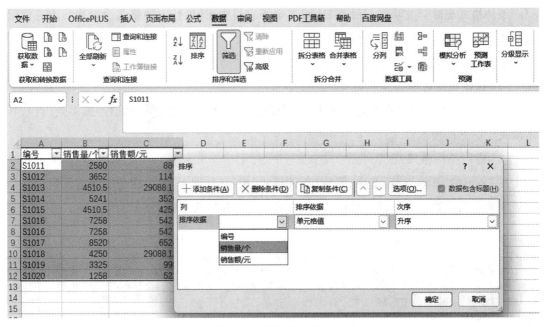

图4-11 设置排序条件

④ 执行排序。

设置好排序条件后,点击"确定"或相应的执行按钮,数据就会按照指定的方式进行排序。

(2)查找重复值。

① 检查排序后的数据。

排序完成后,用户可以浏览数据以查找连续出现的重复值。这些重复值会被聚集在一起,使得数据识别和处理变得更容易。

② 使用条件格式突出显示。

为了进一步突出显示重复值,用户可以使用Excel的条件格式功能。选择包含重复值的数据区域,然后在"开始"选项卡中选择"条件格式",再选择"突出显示单元格规则"中的"重复值"。这样,所有重复的值都会自动高亮显示。

③ 删除重复值。

在Excel中,用户可以通过"数据"选项卡下的"删除重复值"功能,设置好删除条件后,点击"确定"或相应的执行按钮,Excel就会删除所有选定的重复值。

需要注意的是,在删除重复值之前,最好先备份原始数据,以防出现难以预料的问题。处理重复值后,建议再次检查数据以确保处理结果的准确性。此外,使用排序功能查找并删除重复值是一种简单而有效的方法,可以帮助用户快速清理数据并提高数据质量。然而,对于大型数据集或有复杂的重复值的情况,可能需要结合其他方法或工具来进行更精细的处理。

3) 条件格式删除重复项

条件格式删除重复项是一种在Excel等电子表格中,通过特定的格式设置来找出并标记重复数据,进而手动删除重复项的方法。

以下是条件格式删除重复项的详细步骤。

(1) 选中数据区域。

首先,用户选中要查找重复值的单元格区域。这个区域可以是一列(行)或多列(行),具体取决于用户的需求。

(2) 应用条件格式。

在Excel的"开始"选项卡中,找到"条件格式"按钮(见图4-12)。这个按钮通常位于工具栏居中偏右的位置,用于对单元格进行各种视觉样式和格式调整。

图4-12 选择"条件格式"

(3) 选择突出显示规则。

在条件格式的下拉菜单中,找到"突出显示单元格规则"选项。这个选项可用于根据特定的条件(如重复值、唯一值、数据条等)来格式化单元格。

(4) 标记重复值。

在"突出显示单元格规则"的子菜单中,选择"重复值"。此时,Excel会弹出一个对话框,让用户选择重复值应该显示的格式(如填充颜色、字体颜色等)。可以选择默认的格式,也可以自定义格式(见图4-13)。

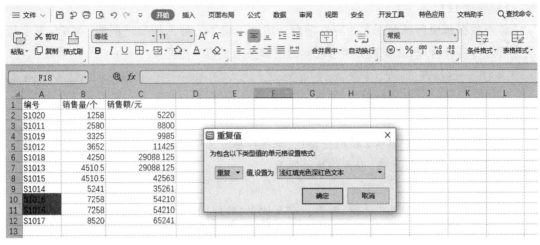

图4-13 设置"重复值"单元格式

(5) 查看并删除重复项。

应用条件格式后,所有重复的数据项都会被标记出来(通常是填充特定的颜色)。用户可以通过查看这些标记来识别重复项,并手动删除它们。注意,条件格式只是标记了重复项,并没有自动删除它们,用户需要手动选中并删除这些单元格或行。

需要注意的是,条件格式删除重复项的方法虽然直观,但可能不如使用专门的删除重复项功能(如Excel的"删除重复项"功能)那么高效。专门的删除重复项功能可以一次性删除所有重复项,而无须手动操作。此外,条件格式只能应用于已经存在的数据,对于新添加的数据,需要重新操作才能找出新的重复项。

总的来说,条件格式删除重复项是一种简单直观的方法,适用于数据量不大或需要手动干预的情况。对于大量数据或需要自动处理的情况,建议使用专门的删除重复项功能或其他自动化工具。

(三) 数据逻辑性检查

数据逻辑性检查是确保数据集中各项数据保持逻辑关系一致的重要方法。在数据处理和分析中,数据逻辑性检查是确保数据质量和准确性的关键环节。

数据逻辑性检查的主要目的是发现数据中的错误和不一致,以确保数据的有效性和可靠性。通过对数据逻辑关系的一致性进行检查,可以纠正数据录入错误、识别异常值,并避免在后续数据分析和决策过程中产生误导。

1. 检查内容与方法

(1) 变量存储类型检查。

确保数据集中每个变量的存储类型正确,例如数值型变量应使用正确的数字格式,字符型变量应避免乱码等。

(2) 变量值范围核查。

根据业务规则和常识,检查数据集中每个变量的值是否在合理范围内。例如,年龄应为正数,转化率应在0到1之间等。

(3) 一致性检查。

检查数据集中各项数据是否存在前后矛盾或逻辑不一致的情况。例如,检查日期字段的先后顺序是否合理,检查相关指标之间的逻辑关系是否一致等。

(4) 唯一性检查。

对于具有唯一标识的数据项,如身份证号、订单号等,检查是否存在重复录入的情况。

(5) 完整性检查。

检查数据集中每个观察单位的完整性,确保没有缺失关键信息。同时,关注每个变量在整个数据文件中的缺失比例,以评估数据质量。

(6) 交叉检查。

对于来自不同数据源的数据,要进行交叉比对,确保同一内容的信息在不同数据库中保持一致。

2. 检查工具与技术

在进行数据逻辑性检查时,可以使用各种工具和技术来提高检查效率和准确性。例如,使用编程语言(如Python、R等)编写自定义脚本进行自动化检查;利用数据库查询语言(如SQL)进行数据筛选和比对;使用数据可视化工具辅助发现数据中的异常值和模式等。

3. 注意事项

在进行数据逻辑性检查时,需要注意以下几点。第一,充分了解业务规则和数据背景,以便准确判断数据中的逻辑关系和合理范围。第二,针对不同类型的数据集和业务需求,制定合适的检查方案和策略。第三,在检查过程中保持谨慎和细致,避免遗漏重要信息或做出错误判断。第四,对于发现的问题和异常值,要及时记录并分析处理,确保数据的质量和准确性得到有效提升。

(四) 数据格式规范

在数据处理和分析过程中,数据格式的规范性直接影响到数据的可读性、可分析性以及后续应用的效果。因此,对于任何涉及数据处理的工作,数据格式规范都应该得到足够的重视。

1. 数据格式规范的重要性

(1) 提高数据可读性。

规范的数据格式能够使数据更加清晰易读,减少误导和歧义。

(2) 提升数据处理效率。

统一的数据格式能够简化数据处理流程,提高数据处理效率。

(3)确保数据准确性。

规范的数据格式能够减少数据录入和转换过程中的错误,确保数据准确性。

(4)便于进行数据分析和挖掘。

规范的数据格式能够更好地满足数据分析工具的要求,便于进行数据分析和挖掘。

2. 数据格式规范的原则

(1)一致性原则。

同一类型的数据应采用相同的格式表示。

(2)简洁性原则。

数据格式应尽可能简洁明了,避免冗余和复杂。

(3)可读性原则。

数据格式应易于阅读和理解,方便用户查看和使用。

(4)可扩展性原则。

数据格式应具有一定的可扩展性,能够适应未来数据的变化。

3. 数据格式规范的具体内容

(1)基础格式规范。

数据的基础格式是其最原始的表现形式,通常是一行代表一个样本,一列代表一个属性或变量。这样的格式能够清晰地展示每个样本的多个属性,方便后续进行数据处理和分析。在录入数据时,应确保每个样本的数据完整、每个属性的数据准确无误。

(2)数字与文字标签的规范。

在数据处理过程中,有时需要将文字信息转换为数字格式以进行计算或分析。为了方便理解展示结果,我们可能需要在最终的报告或展示中将数字再次转换成对应的文字标签。这时,可以在Excel等表格处理软件中设置一个专门的工作表,用于为数字设置对应的文字标签。这样既能保证数据处理的效率,又能确保展示结果清晰易懂。

(3)表格格式规范。

使用表格展示数据时,应遵循一定的格式规范以提高数据的可读性。首先,表格的表头应清晰描述所含数据信息,并使用粗体字体进行突出显示。其次,行列之间应有适当的间隔,以增强数据的可读性。再次,数据应对齐统一,一般情况下,文本数据应左对齐,数字数据应右对齐。如果表格中的数据涉及单位,应在表头或表格下方注明数据单位。同时,行列应有清晰的标注,以便读者理解数据内容。如果表格较大,可以设置分组标注以更好地组织数据信息。最后,如果数据需要进行排序或对比,可以在表格左侧加入序号标注。

(4)自动化报告中的数据格式规范。

在利用自动化工具生成报告时,数据格式规范同样重要。数据应以列表的形式进行组织,其中每个数据由一个字典型数据构成,该字典型数据实际上代表了报告中的一个模块。每个模块由标题、布局和数据三部分组成。标题应简洁明了,用于描述数据的展示方式,数据则包含具体的内容。这种结构化的数据格式能够确保报告生成工具准确地理解并提取所需信息,从而生成高质量的报告。

第三节 数据加工

数据加工是数据处理的一个重要环节,它主要是利用数据应用环境中的软硬件资源,根据用户的具体需求,对原始数据进行一系列加工或分析处理,以提取有价值的信息或将其转化为更适合分析的形式。加工后的数据产品或分析结果会以合适的方式提供给用户,从而帮助用户更好地理解和利用数据。

(一)数据转换

数据转换是将原始数据按照一定规则或需求进行修改或重组的过程。这可能涉及数据清理、数据格式规范、数据合并或拆分,以适用于特定的分析、存储或可视化操作。数据转换包括行列互换、记录方式转换等操作,旨在提高数据的可用性和适应性。在数据处理流程中,数据转换通常是数据清理和准备阶段的重要组成部分。

1. 行列互换

在Excel中,数据行列互换是一个常见的操作,它可以帮助我们快速调整数据的呈现方式,从而更好地满足分析和展示的需求。操作步骤如下。

(1)选中原始数据区域。

选中要进行行列转换的单元格区域。

(2)复制数据。

选中原始数据区域后,使用Excel的复制功能将数据复制到剪贴板中。可以通过右键点击选择"复制",或者使用快捷键"Ctrl+C"来完成这一步操作。

(3)确定目标位置。

接下来,确定数据行列互换后的目标位置。找到需要重新放置数据的空白单元格后右键点击。

(4)使用"选择性粘贴"功能进行行列互换。

在目标位置的单元格上右键点击后选择"粘贴特殊"或"选择性粘贴"选项。在弹出的对话框中,勾选"转置"复选框(见图4-14)。然后点击"确定"按钮,就可以显示转换后的数据(见图4-15)。

需要注意的是,这种行列互换的方法适用于静态数据表。如果数据是动态的或者来自某个公式计算的结果,那就可能需要使用其他方法来实现行列互换,比如使用INDEX函数或OFFSET函数等。

图 4-14 "选择性粘贴"中勾选"转置"

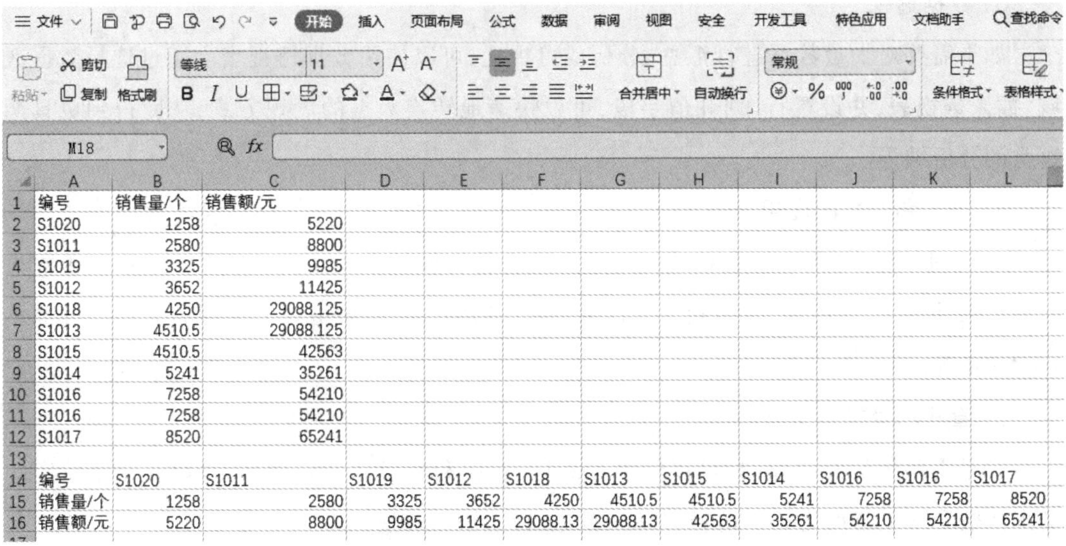

图 4-15 数据转换后的显示

2. 记录方式转换

数据的统计者不同、标准不同,数据的记录方式也会有所不同。数据记录方式转换是数据处理和分析过程中的一个重要环节,它涉及将数据从一种记录或存储方式转变为另一种记录或存储方式,以满足不同的应用需求,提高数据处理效率或优化存储空间。

在 Excel 中,数据记录方式转换通常指的是将数据的格式、结构或展现方式进行修改或调整，以适应特定的分析或报告需求。这种转换涉及多种操作，包括但不限于数据类型转换、数据格式调整、数据透视等。

1）数据类型转换

（1）文本转数字。

当单元格中的数字以文本格式存储时，可以通过"数据"菜单中"数据工具"模块的"分列"功能，或者使用公式，如Value()函数，将其转换为数字格式。

（2）文本转日期。

对于以文本形式存储的日期数据，可以使用Excel的日期函数，如Datevalue()进行转换。也可以直接在单元格格式设置中选择日期格式进行转换。

2）数据格式调整

Excel提供了多种数据格式选项，如数值、货币、百分比、千分位等。可以通过选中单元格，然后在"开始"选项卡中的数字组中选择适当的格式来调整数据的显示方式。还可以使用快捷键来快速调整数据格式，如点击"Ctrl+Shift+1"设置为千分位格式，点击"Ctrl+Shift+3"设置为日期格式等。

3）数据透视

如果需要对大量数据进行汇总、分析或可视化，可以使用数据透视表。通过选择数据区域、插入透视表，并设置行、列和值字段，可以快速地转换数据的展现方式，从而得到更具洞察力的分析结果。

4）公式和函数的应用

Excel中的公式和函数是对数据记录方式进行转换的强大工具。例如，使用IF函数可以进行条件转换，使用SUM函数可以计算总和，使用Concatenate或Text函数可以合并或格式化文本等。

5）查找和替换

如果需要批量修改数据，可以使用Excel的查找和替换功能。例如，可以将某个特定的文本或数字批量替换为其他内容，从而实现数据的快速转换。

6）自定义列表和数据验证

通过创建自定义列表并使用数据验证功能，可以限制单元格中输入的数据类型或范围，从而确保数据的准确性和一致性。

在进行数据记录方式转换前，建议先备份原始数据以防出现错误或难以预料的情况。同时，根据具体的需求和场景选择合适的转换方法，并仔细检查和验证转换后的数据，以确保其准确性和完整性。

下面以直播运营者整理的直播数据为例进行数据转换操作，如图4-16至4-18所示。

图 4-16　用户是否在直播中购物的统计数据

图 4-17　设置查找和替换内容

图 4-18　替换结果显示

（二）数据计算

数据加工中的数据计算是数据处理的关键环节，它涉及对原始数据进行一系列数学运算和逻辑处理，以生成新的数据或从中提取有价值的信息。

1. 简单计算

（1）加减乘除。

这是数据计算中最基本的运算，可以对数值型数据进行基本的数学处理。

（2）百分比计算。

百分比计算是计算数据的百分比或增长率，通常用于衡量某个指标的变化。

（3）其他数学函数。

其他数学函数还有求平方根、开方、取整等，这些函数可以使数据更符合特定的分析需求。

下面以计算每款商品的利润为例进行简单计算的展示，如图4-19和图4-20所示。

图4-19 输入简单的计算公式

图4-20 计算结果会自动填充单元格数据

2. 函数计算

(1) 统计函数。

统计函数如求和(Sum)、平均值(Average)、最大值(Max)、最小值(Min)、方差(Var)和标准差(Stddev)等,有助于反映数据的整体情况。

(2) 文本处理函数。

用于对字符串进行拼接、拆分、替换等操作,以满足数据格式化和标准化的需求。

(3) 日期和时间函数。

日期和时间函数常用于处理日期和时间类型的数据,如计算两个日期之间的天数差(Datedif)、提取日期的特定部分(年、月、日)等。

下面以商品利润求和为例进行计算,如图4-21和图4-22所示。

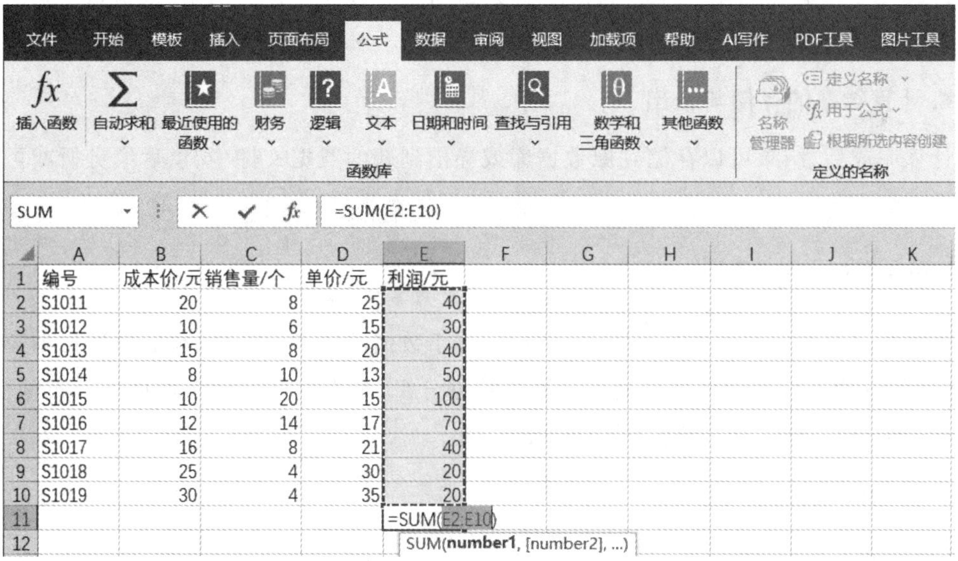

图4-21 选中要求和的数据,并选择"自动求和"选项

图4-22 得出"求和"结果

3. 条件计算

（1）IF 函数。

IF 函数可以根据指定的条件对数据进行判断，并返回相应的结果。

（2）CASE 语句。

在更复杂的情况下，可以利用 CASE 语句依据多个条件对数据进行分类和计算。

4. 聚合计算

聚合计算就是将数据按照某个或多个字段进行分组，并对每个组进行计算，如求和、求平均值等。

5. 自定义计算

自定义计算是根据具体的业务需求，通过编写脚本或使用计算引擎，来执行复杂的自定义计算逻辑。

6. 计算结果的存储与输出

计算完成后，结果可以存储到原数据库或导出到新的数据文件中，供后续分析或可视化使用。

（三）数据分组

数据分组是数据加工的一个重要环节，它基于数据的某种特征或属性，将数据划分为不同的组别，以便进行后续分析和处理。通过数据分组，可以更好地理解数据的分布特征、识别潜在的规律和趋势，并据此做出更准确的决策。

1. 数据分组的步骤

（1）理解数据。

理解数据是数据分组的基础。在进行数据处理时，我们需要对要处理的数据有充分的了解，包括数据的来源、格式、类型以及数据中包含的信息等。理解数据有助于确定合适的分组依据。

（2）确定分组依据。

根据研究目的或业务需求，选择合适的分组依据。分组依据可以是数据的某个特定属性，如性别、年龄、职业等，也可以是通过计算得到的某个指标，如平均值、标准差等。

（3）确定分组数量和范围。

根据分组依据，确定合适的分组数量和范围。分组的数量和范围应能够充分反映数据的特征和变化情况，同时避免过于复杂或琐碎，以便后续进行数据分析和解读。

（4）执行分组操作。

根据确定的分组依据和范围，使用适当的工具或技术执行分组操作。这通常需要编写脚本或使用特定的数据处理软件。

2. 数据分组的方法

数据分组的方法多种多样，可以根据不同的需求和场景进行选择。以下是一些常见的数据分组方法。

（1）基于统计特征的分组。

基于统计特征的分组指根据数据的统计特征，如平均值、方差、标准差等对其进行分组。这种方法有助于识别数据中的异常值或特定分布模式。

（2）基于相似度的分组。

基于相似度的分组指根据数据之间的相似性对其进行分组。相似性可以通过距离、相关性等指标来衡量。这种方法有助于发现数据中的潜在模式和关联。

（3）基于主成分分析的分组。

主成分分析是一种多变量分析方法，可以将多个相关变量转化为少数几个无关变量（即主成分），然后根据主成分的贡献率对数据进行分组。这种方法有助于对数据进行降维和简化，同时保留主要的信息。

（4）基于聚类分析的分组。

聚类分析是一种无监督学习方法，可以根据数据的内在结构和特征将数据划分为不同的组。这种方法适用于没有设定先验知识或标签的情况。

3. 数据分组的应用示例

假设我们有一个关于学生成绩的数据集，我们想要根据成绩将学生分组为"优秀""良好""中等"和"待提高"。90分及以上为"优秀"；80～89分为"良好"；70～79分为"中等"；69分及以下为"待提高"（见图4-23至图4-25）。

图4-23 学生成绩表列

图4-24中的公式首先检查了B2单元格（即第一个学生的成绩）的数据是否大于或等于90。如果是，则返回"优秀"。如果不是，则继续检查是否大于或等于80，依此类推。

图 4-24　函数分组

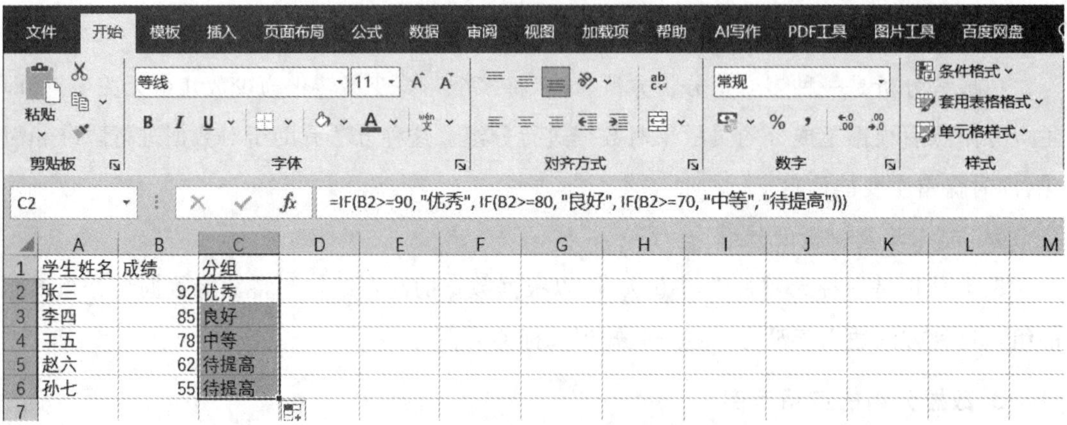

图 4-25　填充其他单元格

需要注意的是,数据分组并不是一个孤立的步骤,它通常与数据清洗、数据转换、数据聚合等其他数据加工步骤相互关联和配合。因此,在进行数据分组时,需要综合考虑整个数据处理流程的需求和目标。

(四)数据重组

数据重组是数据加工中的一个至关重要的环节,它涉及将原始数据按照特定的需求、逻辑或模式进行重新拆分、组合和排列等,以更好地揭示数据的内在关联、趋势和规律。通过数据重组,我们可以将复杂的数据集转化为更有意义和易于理解的形式,为后续数据分析和决策提供支持。

数据重组的主要目的包括以下几点。其一,简化数据结构。通过去除冗余数据、合并相关字段或提取关键信息,使数据结构更加简洁明了。其二,突出关键信息。根据分析需求,将关键数据或特征进行重新组合,以便更直观地展示数据和解释数据的内在规律。其三,提高分析效率。通过对数据进行重组,可以减轻分析过程中的数据处理和转换负担,提高分析效率和准确性。

1. 数据拆分

数据拆分的主要目的是将原始数据集按照特定的规则或需求进行分解,从而得到多个更小、更易于处理或分析的数据子集。这种操作有助于我们更深入地理解数据的结构、特征以及潜在的规律。

1)数据拆分的方法

(1)基于属性的拆分。

基于属性的拆分是根据数据的某个或多个属性进行拆分。例如,在销售数据中,我们可以按照产品类型、销售渠道或地区等属性将数据拆分为不同的子集,以便更细致地分析各个属性。

(2)基于时间的拆分。

基于时间的拆分是按照时间维度将数据拆分为不同的时间段或周期。这种拆分方式在时间序列分析或趋势预测中尤为常见。例如,我们可以将销售数据按年、季、月或周进行拆分,以观察不同时间段的销售量变化情况。

(3)基于样本量的拆分。

基于样本量的拆分是将数据随机或按特定比例拆分为训练集、验证集和测试集。这在机器学习和数据挖掘中非常常见,用于评估模型的性能和泛化能力。

(4)垂直拆分。

垂直拆分是将表按模块划分到不同数据库中。在网站或系统规模不断发展壮大的情况下,这种拆分方式有助于将不同模块和功能的数据进行分离,提高系统的可维护性和扩展性。

(5)水平拆分。

水平拆分是将表中的数据按照某种规则划分到不同表或数据库中。这通常用于解决单表中数据量过大的问题,通过合理的切分规则,可以提高数据的查询和处理效率。

2)数据拆分的注意事项

在进行数据拆分时,需要注意以下几点。

(1)拆分依据的合理性。

确保拆分的依据与分析目标或业务需求紧密相关,避免无意义的拆分。

(2)数据完整性。

拆分后的数据子集应在结构和含义上与原始数据集保持一致,避免数据丢失或变形。

(3)拆分后的数据处理。

对于拆分后的数据子集,可能需要进行进一步的数据清洗、转换和分析等操作,以满足特定的分析需求。

3）数据拆分的应用示例

假设我们有一个 Excel 表格，其中一列包含地址信息，每个地址都由省份、城市、区县和更详细的地址等信息组成，且这些信息之间用逗号分隔。我们的目标是将这些地址信息拆分为四列，分别显示省份、城市、区县和具体地址。具体拆分步骤如图 4-26 至 4-29 所示。

图 4-26　选中完整地址信息数据

图 4-27　点击数据分列功能

图4-28 设置分隔符

图4-29 拆分结果显示

总之,数据拆分是数据加工中的一个重要步骤,它有助于我们更高效地处理和分析数据,从而发现数据中有价值的信息并将其转化为实际的业务成果。通过掌握和应用不同的数据拆分方法,我们可以更灵活地应对各种数据分析场景和挑战。

2. 数据合并

数据合并与数据拆分的作用正好相反,它涉及将多个数据源或数据集中的信息整合到一个统一的数据结构中,以便进行后续分析和处理。数据合并的主要目的是提高数据的质量和完整性,消除冗余信息,并揭示数据之间的潜在关联。

1) 数据合并的技巧

(1) 数据源的确定。

首先,明确要合并的数据源或数据集。这些数据源或数据集可能来自不同的数据库、文件、API等,也可能有不同的格式或结构。

(2) 数据匹配与对齐。

在合并数据之前,需要确保不同数据源中的记录能够正确匹配和对齐。这通常要求依据共同字段(如 ID、姓名、地址等)来执行匹配操作,以确保数据的准确性和一致性。

(3) 数据清洗与转换。

在数据合并过程中,可能需要对数据进行清洗和转换,以消除重复、错误或不一致的数据,并统一数据的格式和度量单位。这有助于确保合并后的数据集具有高质量和可靠性。

(4) 合并策略的选择。

根据具体合并需求和数据特点,可以选择不同的合并策略。例如,可以完全匹配并进行合并,也可以允许部分匹配或模糊匹配。此外,还可以选择保留所有字段或只保留共同字段等。

2)数据合并需要注意的问题

在进行数据合并时,需要注意以下几点。

(1) 确保数据安全性。

在合并数据之前,需要确保数据的来源可靠且经过授权,避免合并未经授权或敏感的数据,以防数据泄露或滥用。

(2) 记录合并过程。

详细记录数据合并的过程和所使用的参数,以便在需要时进行追溯和验证。这有助于确保合并结果的准确性和可重复性。

(3) 测试和验证合并结果。

合并数据后,需要对结果进行测试和验证,以确保数据的准确性和完整性。可以使用统计方法、可视化工具或业务逻辑来检查合并后的数据集。

3)数据合并应用示例

数据合并可以通过使用"&"逻辑连接符、Text()文本转换函数、Concatenate()文本转换函数来实现。现以"&"逻辑连接符的使用为例,假设需要将表格中的地址拆分后的数据信息合并显示,具体操作步骤如图 4-30 至 4-32 所示。

图 4-30 原数据信息显示

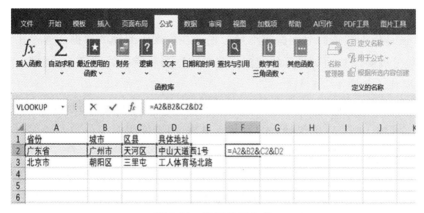

图 4-31　数据信息合并

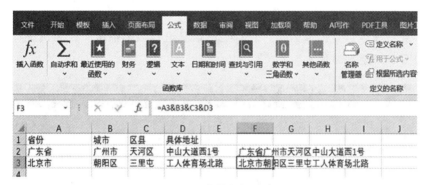

图 4-32　合并数据显示

3. 数据抽取

数据抽取是对数据库中现有字段进行整合加工,从而形成分析所需要的新字段或数据集的过程。这包括字段拆分、字段合并、字段匹配等多种操作,旨在提取符合特定要求的数据子集。

1) 数据抽取的主要方法

(1) 手动抽取。

这种方法适用于数据量较小或数据变动较少的情况。通过人工手动操作,可以直接从数据源中选取所需的数据。虽然这种方法相对耗时,但对于小规模的数据集来说,其准确性和灵活性通常较高。

(2) 自动化抽取。

当数据量较大或需要实时更新时,自动化抽取则是更为高效的选择。这通常需要编写脚本或使用专业的数据抽取工具,以实现数据的自动获取和处理。这种方法可以大大提高数据抽取的效率,并减少人为错误。

2) 数据抽取的技巧

(1) 分块抽取。

在数据量较大的情况下,将数据分成多个"块"进行抽取可以显著减轻系统负载,提高抽取效率。通过并行处理不同数据块,可以更快地完成整个抽取过程。

（2）增量抽取。

这种方法是依据数据的时间戳或增量标识来抽取发生变动的数据。通过比较新旧数据之间的差异，可以确保只抽取最新的、有价值的信息，避免重复处理已有的数据。

（3）数据清洗和转换。

在抽取过程中，数据清洗和转换是非常重要的步骤。这包括去除冗余信息和噪声、统一数据格式和度量单位等，以确保抽取的数据质量高、易于使用。

3）数据抽取的应用场景

数据抽取广泛应用于各个领域，特别是在需要对大量数据进行处理和分析的场景中。例如：在金融行业，银行、保险公司等机构需要抽取客户交易数据、风险评级信息等，以进行风险评估和决策支持；在电商领域，通过抽取用户行为数据、商品销售数据等，企业可以分析市场需求、优化产品策略和推广方案。

下面以某品牌运营者提取公司"岗位职责"信息进行数据抽取工作为例进行说明，具体操作步骤如图 4-33 至 4-34 所示。

图 4-33　输入公式

图 4-34　数据抽取结果

数据加工中的数据抽取是一个复杂而重要的过程。通过选择合适的方法和工具,结合有效的技巧,我们可以从原始数据源中提取有价值的信息,为后续的数据分析和应用提供有力支持。数据抽取在数据加工中扮演着重要角色,它不仅是后续数据分析、挖掘和可视化的基础,还能够根据业务需求定制数据集,提高数据的处理效率和准确性。通过合理的数据抽取,企业可以更好地理解其业务数据,发现潜在问题,并做出更明智的决策。

第四节 数据透视表应用

数据透视表(pivot table)是一种交互式表格,用于对大量数据进行快速汇总、分析、浏览和呈现。它不仅能让用户任意组合数据,以不同的方式对数据进行分析,还能动态地改变版面布局。通过重新安排行号、列标签和页字段,数据透视表能够按照新的布置重新计算数据,并提供简明的有吸引力的报表。

(一)数据透视表的创建

1. 数据透视表的基本构造

(1)字段列表。

字段列表是数据透视表的"原材料基地"。明细表的第一行(列)的标题通常会显示在字段列表中。这些字段代表了数据的不同维度或属性,例如产品名称、销售额、销售地区等。

(2)字段设置区域。

字段设置区域相当于数据透视表的加工厂。用户可以将需要的字段拖放到相应的位置,如行区域、列区域、值区域或筛选区域。这些字段的放置方式决定了数据透视表的最终显示方式。

(3)数据透视表的显示区域。

数据透视表的显示区域是组合后的数据透视表的实际显示位置。将字段拖放到不同的区域,数据透视表会以不同的方式显示汇总的结果。例如,可以选择在行区域显示产品名称,在列区域显示销售地区,在值区域显示销售额,这样数据透视表就会按照这些设置进行显示。

2. 数据透视表的显示区域

数据透视表的显示区域可以进一步细分为以下几个部分。

(1)报表筛选区域。

用户可以在此区域设置筛选条件,以便只显示满足特定条件的数据。例如,可以根据年份或月份筛选数据。

(2)行区域。

行区域的字段会上下排列进行显示,如"销售地区"或"销售员"字段。用户可以根据需要添加或删除行区域的字段。

(3)列区域。

列区域的字段会左右排列进行显示。例如,用户可以将"地区"字段放在列区域,以便按地区对数据进行横向比较。

(4)值区域。

值区域用于放置要统计的数据。例如,销售额、销售量等数值一般都会放在这个区域。用户可以对这些数值进行求和、求平均值等计算操作。

通过合理设置和调整这些区域和字段,用户可以创建各种数据透视表,满足不同的分析需求。同时,数据透视表还具有动态性,用户可以随时更改字段的设置和位置,以便按照不同的方式分析数据。

数据透视表的基本构造如图4-35所示。

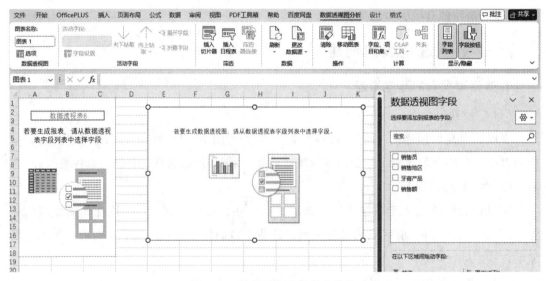

图4-35 数据透视表的基本构造

3.数据透视表的应用示例

以在Excel中创建数据透视表为例,假设我们有一个包含销售数据的Excel表格,其中包括"销售员""销售地区""产品"和"销售额"等列(见图4-36)。我们的目标是创建一个数据透视表,以便分析不同销售员在不同地区的销售情况。

(1)选择数据源。

首先,选定包含销售数据的整个区域。在这个例子中,我们将选择包含"销售员""销售地区""产品"和"销售额"的列。

(2)插入数据透视表。

选择数据源后,点击Excel菜单栏上的"插入"选项卡,然后选择"数据透视表"。此时,

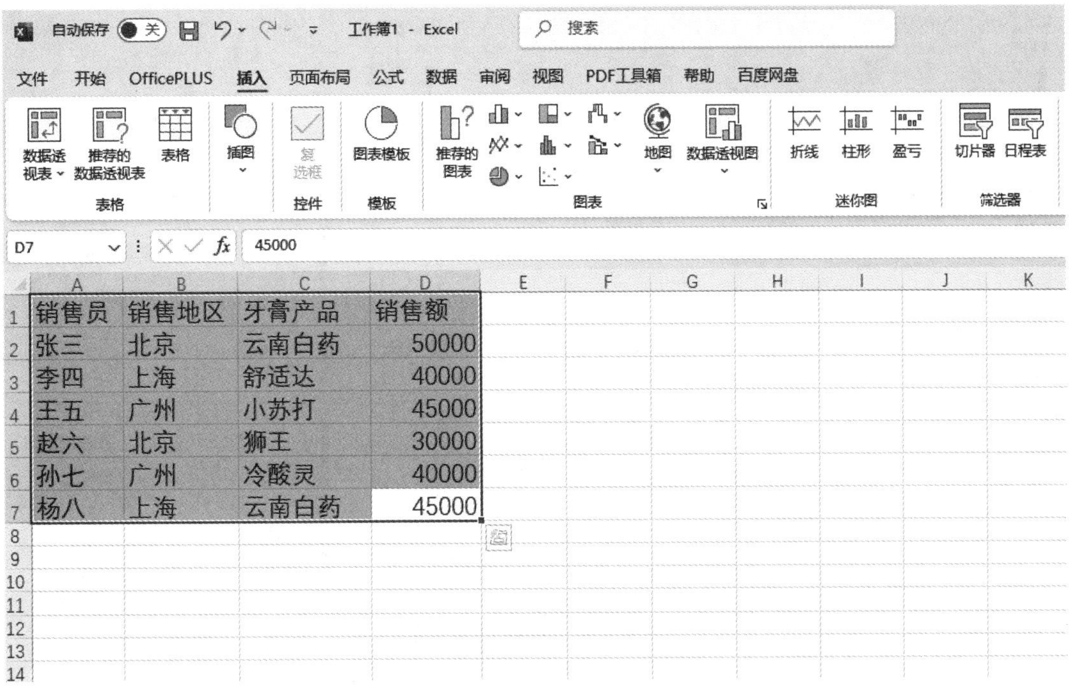

第四章 新媒体数据预处理

图4-36 销售数据情况

Excel会弹出一个对话框,要求我们选择要分析的数据区域以及放置数据透视表的位置。

(3) 设置数据透视表字段。

创建空白的数据透视表之后,右侧会出现一个"数据透视表字段"窗格。这个窗格列出了原始数据中的所有字段,我们将这些字段拖拽到数据透视表的相应区域。

将"销售员"字段拖拽到"行"区域,这样每个销售员的销售数据就会单独显示在一行中。

将"销售地区"字段拖拽到"列"区域,这样每个销售员的销售数据就会按照地区进行列显示。

将"销售额"字段拖拽到"值"区域,这样我们就可以看到每个销售员在不同地区的销售额。

(4) 调整数值字段设置。

默认情况下,Excel会对"销售额"字段进行求和计算。如果我们想要查看平均值或其他计算值,可以点击数据透视表中的"销售额"字段,然后选择"值字段设置"进行调整。

(5) 刷新和修改数据透视表。

如果原始销售数据发生变化,或者我们需要更改数据透视表的布局和字段设置,可以随时点击数据透视表工具栏上的"刷新"按钮,或者重新拖拽字段进行调整。

通过以上步骤,我们成功创建了如图4-37所示的销售数据的数据透视表。这个数据透视表可以帮助我们快速分析不同销售员在不同地区的销售情况,为决策提供有力支持。

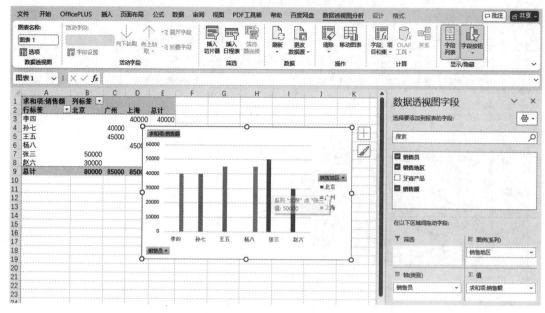

图 4-37　数据透视表结果呈现

(二)数据透视表的使用技巧

数据透视表作为 Excel 中一项功能强大的工具,能够帮助用户轻松整理、分析和总结大量数据。掌握其使用技巧,不仅可以提高工作效率,还能使数据分析更加精准。

1. 基础操作

(1)创建数据透视表。

选中目标数据区域,通过"插入"菜单创建数据透视表,并设置其位置和字段布局。

(2)添加字段。

在数据透视表字段列表中勾选所需的字段,数据将自动填充到透视表中。

(3)调整数据行列。

通过拖拽字段列表中的字段,调整其在行或列的位置,以满足不同的分析需求。

2. 数据处理

(1)修改值字段。

用户可以根据分析需要,修改值字段的计算方式,如求和、平均值等。

(2)排序与筛选。

用户可以对行标签进行升序或降序排序,以便快速定位关键信息;还可以利用切片器进行交互式筛选,以查看不同数据子集。

(3)字段的展开与折叠。

对于包含大量数据的字段,可以使用展开和折叠功能,以便更好地聚焦关键内容。

3. 高级应用

（1）合并单元格。

合并单元格要先选中需要合并的标签,并在数据透视表选项中勾选"合并且居中排列带标签的单元格"。

（2）数据组合。

用户可以根据需要对数据进行组合,如按日期范围或数字范围进行分组,以便进行更深入的分析。

（3）更改统计项。

除了默认的求和项,用户还可以根据分析需求将数据透视表的统计项改为计数项、平均值等。

4. 优化与调整

（1）刷新数据透视表。

当原始数据发生变化时,用户可以及时刷新数据透视表以查看最新的分析结果。

（2）保持列宽不变。

在刷新数据透视表时,有时列宽会发生变化。为避免这种情况,可以在数据透视表选项中取消"更新时自动调整列宽"的复选框。

（3）克隆数据透视表。

通过复制和粘贴现有数据透视表,并调整字段位置,可以快速创建具有不同汇总角度的新的数据透视表。

掌握这些技巧后,用户就能够灵活地运用数据透视表进行数据分析,提高工作效率,并获得更加精准的分析结果。同时,随着对数据透视表功能的深入了解和实践经验的积累,用户还可以发掘更多高级功能和用法,进一步拓展数据分析的广度和深度。

（三）数据透视表的应用

数据透视表是一种强大的数据分析工具,它能够对大量数据进行快速汇总、分类、聚合,并以交互的方式展现数据的内在规律和趋势。下面将详细介绍数据透视表的一些主要应用。

1. 数据汇总与数据分析

数据透视表中的数据汇总与数据分析是其核心功能。通过这些功能,用户可以轻松地对大量数据进行分类、汇总、计算和比较,从而得出有价值的信息和结论。

1）数据汇总

数据透视表能够快速地按照指定的字段对数据进行汇总。用户可以将不同的字段添加到数据透视表的行、列和值区域,从而实现多维度的数据汇总。例如,假设有一个销售数据表,包含日期、产品、销售额等信息。通过数据透视表,用户可以按照产品汇总销售额,或者按照日期汇总销售额,从而了解不同产品或不同时间段的销售情况。

2）数据分析

除了基本的数据汇总外,数据透视表还提供了丰富的数据分析功能。以下是一些常见的分析方式。

(1) 计算方式设置。

在数据透视表中,用户可以为值字段设置不同的计算方式,如求和、平均值、计数等。这有助于从不同角度观察和分析数据。

(2) 百分比分析。

百分比分析是数据透视表中常用的分析方法之一。用户可以通过设置百分比字段,计算某个字段占比,从而更直观地了解数据的分布情况。

(3) 自定义计算。

除了预设的计算方式外,用户还可以在数据透视表中创建自定义计算字段,进行更复杂的计算和分析。

(4) 数据筛选与排序。

数据透视表可以对数据进行筛选和排序。用户可以根据特定条件筛选数据,或者按照某个字段对数据进行排序,从而更精准地定位和分析数据。

3）动态更新与交互

数据透视表具有动态更新与交互功能。当原始数据发生变化时,数据透视表可以自动更新汇总和分析结果,确保数据的准确性和时效性。此外,用户还可以通过调整数据透视表的布局和设置,实现与数据的交互操作,如拖动字段、更改计算方式等。

4）应用场景

数据透视表中的数据汇总与数据分析功能广泛应用于众多场景。例如,在进行财务分析时,可以使用数据透视表对财务报表进行汇总和分析,以快速了解公司的财务状况和经营成果;在进行市场调研时,可以使用数据透视表对调查数据进行分类和汇总,发现不同用户群体的需求和偏好;在进行销售管理时,可以使用数据透视表对销售数据进行实时监控和分析,从而制定更有效的销售策略等。

2. 数据分析与可视化

数据透视表在数据分析与可视化方面提供了强大的功能,其能以直观方式展示分析结果,使用户能够更深入地理解数据。

1）数据分析功能

(1) 多维度分析。

数据透视表允许用户根据多个字段对数据进行分类和汇总,从而实现多维度的数据分析。通过拖拽不同的字段到行、列和值区域,用户可以灵活地调整分析角度,探索数据之间的关联和规律。

(2) 计算与汇总。

除了基本的求和、平均值等计算方式,数据透视表还支持更复杂的计算,如自定义公式和条件格式设置。这使得用户可以对数据进行更深入的分析和挖掘,发现隐藏在数据中的有价值的信息。

(3) 数据筛选与排序。

数据透视表提供了丰富的筛选与排序功能,用户可以根据特定条件筛选数据,或者按照某个字段对数据进行排序。这有助于用户快速定位关键信息,并发现数据中的异常值或趋势。

2) 可视化功能

(1) 图表生成。

数据透视表可以自动生成各种类型的图表,如柱状图、折线图、饼图等,这些图表可以直观地展示数据的变化和趋势。用户只需要在数据透视表中设置好字段和计算方式,然后选择合适的图表类型,就可快速生成相应的图表。

(2) 条件格式化。

通过应用条件格式化,用户可以根据数据的值或范围为其设置不同的颜色或样式。这有助于突出显示关键数据,使用户更容易识别和理解数据的分布和规律。

(3) 交互性。

数据透视表支持交互式操作,用户可以通过拖拽字段、更改计算方式、筛选数据等操作来实时更新图表和分析结果。这种交互性使得数据分析更加灵活和高效,让用户可以根据需要随时调整分析角度和方式。

通过数据透视表的数据分析与可视化功能,用户可以将复杂的数据集转化为易于理解和分析的图表和报告。这不仅有助于用户发现数据集中的关键信息和规律,还可以为决策提供有力的支持。无论是对于财务分析、市场调研还是其他领域,数据透视表都是一个非常有用的工具。

需要注意的是,为了充分利用数据透视表的数据分析与可视化功能,用户需要具备一定的数据分析能力,并熟练掌握Excel软件。同时,根据具体的数据和分析需求,用户可能还需要对数据进行适当的清洗和预处理,以确保分析结果的准确性和可靠性。

3. 数据探索与数据挖掘

数据透视表中的数据探索与数据挖掘是数据分析过程中的重要环节,它允许用户从不同角度和层次观察数据,发现隐藏在数据中的新信息、新模式和新趋势。

1) 数据探索

数据探索是数据分析的初步阶段,旨在通过可视化、统计等手段对数据集进行初步了解。数据探索主要通过以下几个步骤实现。

(1) 字段选择。

用户需要先选择要进行探索的字段。这些字段可以是数据集中的任何一列,它们代表了数据的不同维度和属性。

(2) 布局调整。

通过调整数据透视表的行、列和值区域,用户可以用不同的方式组织数据,从而观察数据的分布和关联。

(3)数据可视化。

数据透视表支持生成各种图表,如柱状图、折线图等,这些图表有助于直观地展示数据的特征和趋势。

2)数据挖掘

数据挖掘是数据探索的深化阶段,它利用算法和模型从大量数据中提取有价值的信息。虽然数据透视表不直接支持复杂的挖掘算法,但用户仍可以通过以下方式进行数据挖掘。

(1)模式识别。

通过观察数据透视表中的数据和图表,用户可以识别数据的模式,如周期性变化、异常值等。

(2)关联分析。

通过比较不同字段之间的关系,用户可以找出它们之间的潜在关联和依赖关系。

(3)趋势预测。

基于历史数据,用户可以利用数据透视表进行趋势分析,并预测未来的数据变化。

3)高级应用

除了基本的数据探索和数据挖掘功能外,数据透视表还提供了一些高级应用,以增强数据分析和数据挖掘的效果。

(1)切片器与筛选器。

利用切片器和筛选器,用户可以更加精确地筛选和过滤数据,比如对特定数据子集进行探索和分析。

(2)条件格式化。

通过应用条件格式化规则,用户可以根据数据值自动调整单元格的外观,如改变颜色、添加数据条等,以突出显示关键数据点。

(3)自定义计算字段。

用户可以根据需要自定义计算字段,进行更复杂的计算和分析,从而挖掘更多有价值的信息。

4)注意事项

在进行数据探索与数据挖掘时,需要注意以下几点。

(1)确保数据质量。

要确保使用的数据是准确、完整和可靠的,以免产生误导性的分析结果。

(2)理解业务背景。

深入了解所分析数据的业务背景和上下文,有助于更好地理解数据中的信息和模式。

(3)结合其他工具。

虽然数据透视表是一个强大的工具,但在某些复杂的数据挖掘任务中,可能需要结合其他数据分析工具或算法来获得更深入的见解。

数据透视表为数据探索与数据挖掘提供了强大的支持,通过灵活调整布局、可视化数据和利用高级功能,用户可以更好地理解和利用数据,发现隐藏在数据中的有价值信息。

4. 动态数据更新

数据透视表中的动态数据更新功能允许用户在原始数据发生变化时，通过刷新等操作来自动更新数据透视表的内容，确保分析结果的时效性和准确性。

1）动态数据更新的重要性

当原始数据区域的数据发生变动，如新增、删除或修改记录时，如果数据透视表不能自动更新，那么分析结果将不再准确。手动更新数据透视表不仅效率低下，而且容易出错。因此，数据透视表的动态数据更新至关重要。

2）实现动态数据更新的方法

（1）使用刷新功能。

当原始数据有变动时，如学生B2的英语成绩给错了，需要改成65，此时可以点击数据透视表，在"数据透视表工具"下的"分析"中找到"刷新"，点击一下，就可以更新数据了。为了避免忘记刷新，用户可以勾选"打开文件时刷新数据"。具体操作是：右击数据透视表，选择"数据透视表选项"，在弹出的对话框中点击"数据"，然后勾选"打开文件时刷新数据"。这样，每次打开文件时，数据透视表都会自动更新。

（2）定义动态引用数据源名称。

当需要处理的数据区域不确定时，用户可以使用定义名称来设置源数据的区域范围。例如，可以使用Offset函数结合Counta函数来创建一个动态的数据源名称，这样当原始数据有新增或被删除时，数据透视表可以自动引用新的数据范围。

在插入数据透视表时，可以在"表/区域"框里输入刚刚定义的数据区域名称，这样数据透视表就会根据这个动态的数据源进行更新。

（3）调整数据透视表设置。

如果用户调整了数据透视表中的列宽、单元格格式等设置，并希望在刷新数据时保留这些设置，可以通过"数据透视表选项"来进行相应的设置。

3）注意事项

（1）确保数据源正确。

在设置动态数据更新时，要确保引用的数据源是正确的，并且与数据透视表的需求相匹配。

（2）测试更新功能。

在实际应用中，建议多次测试数据透视表的动态数据更新功能，以确保其能够准确、及时地反映原始数据的变化。

通过实现数据透视表的动态数据更新，用户可以更加高效地处理和分析大量数据，及时发现数据中的变化和趋势，为决策提供有力支持。

5. 数据报告与展示

数据透视表在数据报告与展示方面具有强大的功能，它能够将大量数据整理成清晰、易于理解的形式，帮助用户快速获取所需信息。

(1) 数据报告的生成。

数据透视表可以快速生成各种形式的数据报告，用户只需要通过简单的操作，即可将数据按照不同的维度和指标进行汇总和分析。这些报告包括销售数据、财务数据、市场数据等多个方面，可以帮助用户全面了解业务状况。

在生成数据报告时，用户可以选择不同的字段作为行标签、列标签和值区域字段，从而灵活调整报告的布局和格式。此外，数据透视表还支持多种汇总方式，如求和、平均值、计数等，以满足不同的分析需求。

(2) 数据展示的可视化。

数据透视表不仅提供了丰富的数据汇总和分析功能，还支持将数据以图表的形式进行展示。通过插入图表，用户可以将数据以更加直观、易于理解的方式呈现出来。

数据透视表支持多种图表类型，如柱状图、折线图、饼图等。用户可以根据需要选择合适的图表类型来展示数据。此外，用户还可以对图表进行自定义设置，如调整颜色、添加数据标签等，以提升数据展示的效果。

(3) 交互式报告体验。

数据透视表的另一个重要特点是交互性。通过切片器、筛选器等工具，用户可以轻松地对数据进行筛选和过滤，从而快速找到所需的信息。这种交互式报告体验使得用户能够更加灵活地探索和分析数据，从而发现其中的规律和趋势。

此外，数据透视表还能与其他 Excel 功能结合使用，如条件格式、超链接等，这进一步丰富了数据报告与数据展示的形式。

(4) 报告格式的灵活调整。

数据透视表提供了多种报告格式的调整选项，以满足不同用户的需求。用户可以选择以大纲形式显示报表，将报表按照不同等级标题进行分组展示；也可以选择以表格形式显示报表，保留分类汇总行的格式；此外，用户还可以选择是否重复所有项目标签等。

这些灵活的格式调整选项使得用户能够根据具体情况选择合适的报告格式，使数据报告更加清晰、易读。数据透视表以其强大的功能和灵活性，在数据报告与展示方面发挥着重要作用，它以直观、易于理解的方式展示数据，能够帮助用户快速生成各种形式的数据报告。无论是对于数据分析师还是普通用户来说，数据透视表都是一个非常有用的工具。

6. 跨表数据分析

数据透视表的跨表数据分析功能允许用户对不同的工作表或数据源进行数据整合和对比分析，从而进行更全面、深入的数据洞察。

在实际应用中，数据往往分散在不同的工作表或数据源中，这使得数据的整合和对比分析变得复杂而烦琐。通过运用数据透视表的跨表数据分析功能，用户可以轻松地将多个工作表或数据源中的数据整合到一个透视表中，实现数据的快速汇总、对比和分析，从而发现数据之间的关联和趋势。

1) 跨表数据分析的实现方法。

(1) 创建数据透视表并引用多个数据源。

首先,打开包含多个工作表或数据源的 Excel 文件。随后,选择其中一个工作表作为数据透视表的创建位置。在"插入"选项卡中,选择"数据透视表",并在弹出的对话框中,选择"使用外部数据源"或"使用多重合并计算区域"。如果选择"使用外部数据源",则需要浏览并选择其他工作表或数据源。如果选择"使用多重合并计算区域",则可以通过添加多个数据区域来合并数据。

(2) 设置数据透视表的字段和布局。

在数据透视表字段列表中选择需要分析的字段,并将其添加到行、列或值区域中。然后根据分析需求,调整字段的布局和顺序。

(3) 进行跨表数据分析。

首先,通过添加计算字段或使用不同的汇总函数,对数据进行计算和分析。再次,利用切片器、筛选器等工具,对多个数据源中的数据进行筛选和对比。最后,使用数据透视表的图表功能,将跨表分析的结果以图表形式展示,从而更直观地显示数据的变化和趋势。

2) 注意事项和技巧

(1) 确保数据源的一致性。

在进行跨表数据分析时,需要确保不同工作表或数据源中的数据格式、字段名称等保持一致,以便正确地进行数据整合和对比。

(2) 优化数据透视表的性能。

处理大量数据时,数据透视表可能会变得缓慢或卡顿。为了提高性能,用户可以考虑关闭不必要的计算选项、减少透视表中的字段数量或优化数据源的结构。

(3) 利用外部数据源连接。

如果数据来自外部数据源(如数据库或其他 Excel 文件),可以利用数据透视表的外部数据源连接功能,实现数据的实时更新和动态分析。

(4) 结合其他 Excel 功能。

数据透视表可以与 Excel 的其他功能(如条件格式、公式等)结合使用,以进一步丰富跨表数据分析的结果和展示形式。

总之,数据透视表的跨表数据分析功能,为用户整合和对比不同工作表或数据源中的数据提供了强大的支持。无论是进行业务对比、趋势分析还是数据挖掘,跨表数据分析都能够帮助用户获得更深入的信息洞察和决策支持。

第五章

新媒体数据可视化

新媒体数据可视化是新媒体数据分析基本流程中的最后一个环节,它负责将复杂的数据分析结果以直观、易于理解的可视化形式呈现出来。通过数据可视化,用户可以快速捕捉到数据的核心信息和关键趋势。数据可视化不仅增强了数据分析结果的可读性和可解释性,还有助于提升数据驱动的决策效率。

第一节 新媒体数据可视化概述

(一)新媒体数据可视化及其应用场景

在新媒体时代,数据可视化已经成为一种不可或缺的信息传播方式。新媒体数据可视化是指利用计算机图形学和图像处理技术,将新媒体领域产生的复杂的、海量的数据以视觉化形式展现出来,使得用户能够更直观、更快速地理解和分析数据。这种可视化技术能够将数据转化为图形、图像、动画等视觉元素,帮助用户发现数据中的规律和趋势,为决策提供有力的支持。

新媒体数据可视化呈现不仅是技术的革新,更是思维的转变。它要求我们将传统的数据分析与视觉设计相结合,以创新的视角解读数据,以独特的方式展现数据。通过这种方式,我们不仅能够更好地理解和利用数据,还能让更多的人通过数据可视化作品,感受数据的魅力,理解数据的价值。要实现新媒体数据可视化,首先,需要对新媒体数据进行收集和处理。这些数据可能来自社交媒体、新闻网站、移动应用等新媒体平台,包括文本、图片、视频等多种形式。其次,利用数据清洗、数据挖掘等技术对数据进行处理和分析,从中提取有价值的信息。最后,根据数据的特性和展示需求,选择适合的可视化工具和技术。这些工具和技术包括柱状图、折线图、饼图、地图、热力图、词云等,以及更高级的交互式可视化技术,如动态图表、虚拟现实、增强现实等。通过这些工具和技术,可以将数据转化为更直观、更生动的视觉元素展现出来。

当前,新媒体数据可视化的应用主要包括以下几个方面。

1. 社交媒体分析

社交媒体平台产生了海量的用户行为、互动和内容数据。这些数据往往复杂且难以直接理解。通过数据可视化,将这些数据转化为图表、图形等形式,直观呈现数据的分布、趋势和模式,能够使数据分析结果更易于理解和传播。此外,通过深入分析社交媒体用户行为、兴趣偏好和市场需求等数据,企业可以更加精准地定位目标用户群体,制定有针对性的营销策略和产品规划。同时,社交媒体分析可视化还可以帮助企业评估营销效果,优化资源配置,提高业务效率。

2. 内容推荐

可视化分析能够将复杂的数据转化为直观易懂的图表和图像。这不仅能够帮助用户快速理解数据背后的趋势和模式,还为内容推荐系统提供了宝贵的依据。通过数据可视化,描绘更为精准的用户画像,包括用户的兴趣、需求、消费能力等关键特征,能够为内容推荐提供有力依据。此外,数据可视化可以辅助内容推荐系统筛选更符合用户需求的内容,并按照一定的优先级进行排序,提高推荐效果。

3. 广告投放

数据可视化能够帮助广告主更加直观地理解广告投放的数据和效果,从而做出更明智的决策。通过数据可视化,广告主可以清晰地看到广告投放的各项指标情况,如点击率、转化率、曝光量等,这些数据以图表的形式展现出来,更易于理解和比较。数据可视化有助于广告主快速识别哪些广告活动效果好,哪些需要改进。此外,广告主还可以利用数据可视化来跟踪用户从看到广告到最终转化的整个路径,找出可能存在的广告投放瓶颈和待优化点。

4. 用户行为分析

通过数据可视化,我们能够更深入地理解用户的行为模式和习惯。数据可视化可以将大量的用户行为数据转化为直观、易理解的图形和图表。这使得我们能够快速地识别用户行为中的趋势、规律和异常情况。例如,在电商平台,通过数据可视化分析用户的浏览、购买记录等数据,可以发现用户的购买习惯、喜好以及消费能力的分布规律。同时,数据可视化还能帮助企业运营者洞察用户行为的动机和需求。通过对用户行为数据的深入挖掘,企业运营者可以了解用户在使用产品或服务过程中的问题和需求,从而为用户提供更加精准、更具个性化的体验。

(二)新媒体数据可视化的作用

新媒体数据可视化能够将新媒体领域产生的复杂数据以直观、生动的形式展现出来,让用户快速理解数据的含义,发现数据中的规律和趋势。同时,新媒体数据可视化还可以实现交互式展示,让用户通过点击、拖拽等操作,自由地探索数据,发现更多有价值的信息。当前,新媒体数据可视化在社会、文化、教育、商业等多个领域展现出强大的应用潜力。

1. 提升信息理解效率

(1) 直观呈现信息。

新媒体数据可视化技术能够将复杂的数据转化为直观、易于理解的图形或图像。与传统的文字描述相比,新媒体数据可视化的图表、地图、动态图像等形式能够更直观地展示数据的分布、趋势和变化,使得用户能够更快速地把握数据的核心信息,减少信息解读过程中产生的误解和歧义。

(2) 简化复杂数据。

在现实生活中,我们经常会遇到各种复杂的数据集。这些数据集可能包含大量的变量、维度和关系,使得我们难以直接理解其背后的规律和趋势。然而,新媒体数据可视化技术能够通过图表、地图等形式,将这些复杂的数据集进行简化和概括。通过数据可视化,我们可以清晰地看到数据之间的关联和差异,从而更深入地理解数据的含义和价值。

(3) 增强信息感知。

新媒体数据可视化技术还能够通过色彩、形状、大小等元素来增强信息感知。例如,在地图中,不同的颜色可以代表不同的地区或数据类别;在柱状图中,不同高度的柱子可以代表不同的数值大小。这些元素能够让我们更快地捕捉到关键信息,提高信息的感知效率。

2. 增强互动体验

(1) 交互设计激发用户兴趣。

新媒体数据可视化采用交互式设计,使得用户能够根据自己的需求和兴趣,对数据进行自由探索和交互。通过点击、拖拽、缩放等操作,用户可以轻松地调整数据的展示方式,深入了解数据的细节和趋势。这种交互式设计极大地激发了用户的兴趣,让他们更加主动地参与到数据分析和探索的过程中。

(2) 直观展示数据关系。

新媒体数据可视化通过图表、地图、动画等直观方式,将数据之间的关系和趋势清晰地展示出来。用户可以轻松地看到数据之间的关联和差异,从而更深入地理解数据的含义和价值。这种直观的展示方式减少了用户的认知负担,使他们能够更快速地把握数据的核心信息。

(3) 个性化定制满足用户需求。

新媒体数据可视化还支持个性化定制,用户可以根据自己的需求和偏好,定制属于自己的数据可视化界面和展示方式。例如,用户可以选择不同的图表类型、颜色、字体等,来展示自己的数据和观点。这种个性化定制功能使得用户能够更加自如地表达自己的想法,增强了用户的参与感和满足感。

3. 促进信息传播与普及

(1) 简化复杂信息,提高传播效率。

新媒体数据可视化通过直观的图表和图像展示信息的核心内容和关键信息,能够将复杂的信息进行简化和概括。这种简化处理使得信息更易于传播与普及,减少了信息传播过程中产生的误解和歧义。同时,数据可视化还能够通过交互式设计,让用户参与信息的探索和分析过程,进一步提高信息的传播效率和用户参与度。

(2)跨越语言和地域障碍,扩大传播范围。

新媒体数据可视化通过视觉元素展示信息,不受语言和地域的限制,这使得信息能够跨越语言和地域的障碍,在全球范围内传播和普及。不同语言、背景、地域的用户,都能够通过数据可视化快速理解信息的含义和价值。这种跨越式的传播方式极大地扩大了信息的传播范围和影响力。

(3)直观易懂,降低理解门槛。

新媒体数据可视化通过图表、图像、动画等直观的形式,将复杂的数据和信息转化为易于理解的视觉元素。这种直观性使得信息更易于被大众接受和理解,降低了信息理解的门槛。无论是专业人士还是普通公众,都能够通过数据可视化快速把握信息的关键点,从而理解信息的含义和价值。

(三)新媒体数据可视化的设计原则

1. 清晰性

清晰性是新媒体数据可视化的首要原则。在新媒体数据可视化的过程中,要确保所传达的信息在视觉上清晰明了,避免产生歧义或混淆。应选择易于阅读的字体和颜色,保持布局整洁有序,并使用适当的图形和图标来突出关键数据。同时还应注意避免过度装饰和冗余元素,以确保用户能够快速获取并理解所需信息。

2. 简洁性

简洁性是新媒体数据可视化的另一个重要原则。简化设计可以突出核心信息,使用户能够快速抓住重点。在设计过程中,应尽量避免使用过于复杂的图形和过多的数据点,而应采用简洁明了的方式来呈现数据。此外,还可以运用不同的色彩、形状等视觉元素,或通过变换大小来区分不同的数据类别和重要性级别,从而进一步简化视觉呈现。

3. 交互性

在新媒体传播环境中,数据可视化作品应具备较高的交互性。通过交互设计,用户可以根据自己的需求进行探索和操作,从而更深入地了解数据背后的含义和关系。用户可以使用各种交互技术和手段来实现这一目标,如动态图表、滑动条、筛选器等。这些交互元素不仅可以提升用户体验,还可以增强用户对数据的理解和应用能力。

4. 一致性

一致性原则有助于提升新媒体数据可视化作品的整体美感和用户体验感。保持设计风格、颜色、字体和布局等方面的一致性,可以确保用户能够轻松识别和理解作品。这种一致性不仅有助于提高作品的识别度,还能提升用户对作品的信任感和满意度。

总之,新媒体数据可视化的设计原则包括清晰性、简洁性、交互性、一致性等。这些原则共同构成了新媒体数据可视化设计的核心指导思想,帮助用户创造高效、引人入胜且易于理解的作品。在实际设计过程中,用户应根据具体需求和使用场景灵活运用这些原则,以创造出优秀的新媒体数据可视化作品。

第二节　新媒体数据可视化的类型

新媒体数据可视化是一种将数据以图形、图表、图像等形式呈现的技术,其表现形式丰富多样,包括静态图表、动态图表、交互式可视化等,这些形式将复杂数据转化为直观易懂的视觉图形,以直观、易于理解的方式展示数据的特征、趋势和关系,帮助用户更好地理解和利用数据,推动决策过程的优化和创新。

(一) 新媒体数据可视化呈现形式

数据可视化的呈现形式可以根据其是否具备交互性和动态性分为静态和动态两种,其中静态类型以信息图表为代表,动态类型可按照是否具有交互操作分为短视频和交互图表两类,如图5-1所示。这里只介绍信息图表。

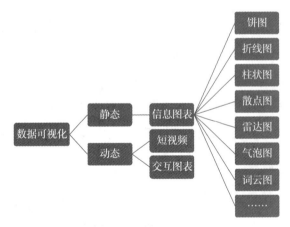

图5-1　数据可视化类型

信息图表也称信息图形,是指信息、数据、知识等的视觉化表达。它将数据、信息转化为图形、图像、图表等形式,以更直观、更易于理解的方式展示给用户。信息图表通常用于复杂信息的高效、清晰传递,在各类标示、地图、新闻、技术文档、教材等领域都有广泛应用。信息图表包括饼图、折线图、柱状图、散点图、雷达图、气泡图、词云图等。

1. 饼图

饼图是一种常用的数据可视化图表,它通常被用于展示各类别数据的占比情况。在饼图中,扇形的弧度表示对应类别的数据在整体中所占的比例,扇形的面积和对应的圆心角大小成正比。通过饼图,我们可以直观地看到各个部分在总体中所占的份额,便于我们快速理解数据的分布情况。图5-2为某公司四个季度的销售额占比,从该饼图可知,该公司第一季度销售额最高,占总销售额的58.5%。该公司第四季度销售额最低,占总销售额的8.5%。

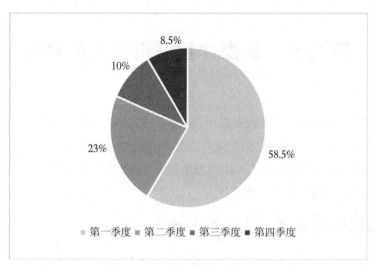

图5-2 某公司销售额占比

2. 折线图

折线图是一种常用的图表类型,用于展示数据随时间或其他连续变量变化的趋势。它通过将一系列数据点连接成线来表示数据的变化情况,非常适合用于展示一段时间内数据的变化趋势。折线图在数据分析、科学研究、商业报告等领域有广泛的应用。通过折线图,我们可以快速发现数据中的峰值、低谷、转折点等重要信息。图5-3为某城市某年1—5月平均气温。从该折线图的涨幅变化中,我们可以看出1月平均气温最低,5月平均气温最高。

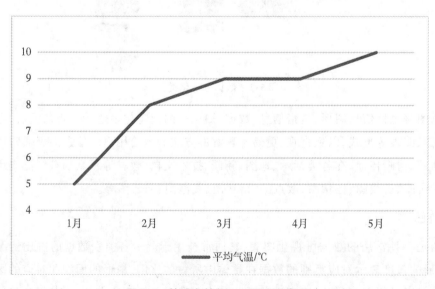

图5-3 某城市某年1—5月平均气温

3. 柱状图

柱状图(也称条形图)是一种常用的统计图表类型,用于比较不同类别的数值。柱状图通常由一系列垂直或水平的条形组成,每个条形代表一个类别,条形的高度或长度与该类别的数值相对应。柱状图能够帮助我们直观地比较不同类别之间的数值差异,并识别数据中的最大值、最小值和异常值。

图5-4为四个城市在某一年的年度降雨量。该柱状图中四个不同高度的柱子,分别代表四个城市的年度降水量。其中,厦门对应的柱子最高,表示其年度降水量最大;杭州对应的柱子最低,表示其年度降水量最小。

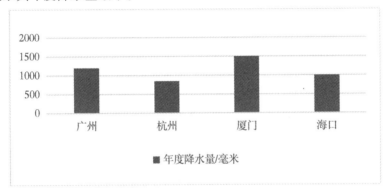

图5-4 四个城市年度降水量

4. 散点图

散点图是一种用于展示两个变量之间关系的图形。它通过在二维坐标系上绘制数据点来表示这些变量之间的相关性。每个点的位置反映了它所属的两个变量的值。散点图特别适合用于探索性数据分析,可以发现变量间是否存在线性或非线性关系。散点图的数据点通常由两组数据构成,每个数据点对应一个坐标点,其中一组数据表示横坐标(通常称 X 轴),另一组数据表示纵坐标(通常称 Y 轴)。

图5-5为某城市平均房价与房屋面积之间的关系。通过观察该散点图,我们可以发现这些数据点呈缓慢上升的趋势。表明在这个城市中,随着房屋面积的增加,平均房价也在缓慢增长。

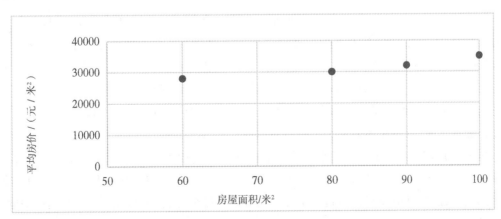

图5-5 某城市平均房价与房屋面积之间的关系

5. 雷达图

雷达图也称蜘蛛网图或星状图,是一种显示多个变量数据的图形表示方法。它通常用于表示性能指标、多维度比较或展示某个对象/项目的多个属性。在雷达图中,每个变量都有一个从中心点发出的轴线,数据点则位于这些轴线上,距离中心点的远近表示数据值的大小。通过将各个数据点连接起来,可以形成一个多边形,直观地显示各个变量之间的相对关系和整体性能。雷达图特别适合用于需要展示多个维度数据并进行全面评估的场景。

图5-6为北京、上海、广州、深圳四个城市在教育水平、空气质量、交通便利性、生活成本四个不同指标上的表现。从该雷达图可以发现,北京在教育水平上得分较高,广州在空气质量、交通便利性这两个指标上得分较高,深圳生活成本较其他三个城市要高。

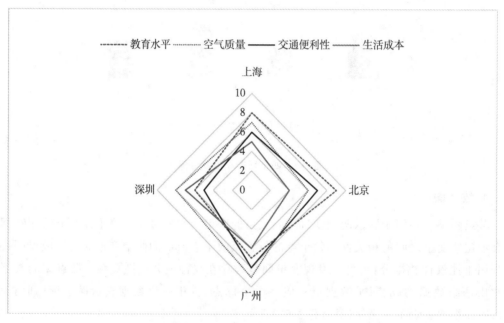

图5-6 四个城市的不同指标

6. 气泡图

气泡图使用圆形的气泡来表示数据点。与散点图类似,气泡图也用于展示两个变量之间的关系,但不同之处在于,气泡图还引入了第三个维度——气泡的大小。这个维度通常表示数据的某个附加属性或权重。在气泡图中,每个气泡的位置由两个变量的取值确定,而气泡的大小则代表第三个变量的值。通过气泡图,我们可以同时观察三个变量之间的关系,从而更加全面地了解数据的分布和特征。需要注意的是,在使用气泡图时应谨慎选择变量和设置合适的尺度,以避免图表过于拥挤或难以解读。

图5-7为城市人口与其GDP气泡图。该气泡图中,横轴为城市,纵轴为城市人口数量,气泡大小为GDP总量。从该气泡图可以发现,5个城市中,城市3虽然人口数量最少,约为600万人,然而其GDP总量却最高。城市2人口数量最多,约为1500万人,然而其GDP总量却最低。

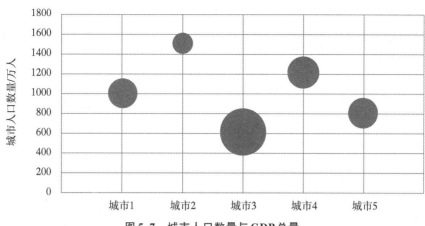

图 5-7 城市人口数量与 GDP 总量

7. 词云图

词云图用于展示文本数据中的关键词汇,它通过将文本中的单词或短语以不同大小、颜色、方向或字体显示在一个图像中,突出显示文本中出现频率最高、最重要的词汇。词云图常用于文本分析、主题建模、情感分析等领域,可以帮助人们快速了解大量文本的主要内容或主题。常见的词云图形式如图 5-8 所示。

图 5-8 词云图

(二)新媒体数据可视化图表的构成要素

新媒体数据可视化图表是一种将数据以图表方式展示的工具,它能够直观地展现数据的趋势、模式和关联,其构成要素一般包括以下几种。

1. 图表标题

图表标题是指在创建图表时,为图表添加的标题,通常用于描述图表的主题或内容,帮助读者快速理解图表所呈现的信息。图表标题是图表的重要组成部分,起到概括、说明和引导的作用。图表标题位置一般与坐标轴对齐或在图表顶部居中,以确保读者能够轻松地找到并阅读。

图表标题的类型一般分为以下几种。

(1) 提示性标题。

提示性标题是指能够简明扼要地概括内容主旨,并且使读者对文章或数据有初步了解的标题,比如"某微信公众号每日推荐文章转发量"等。

(2) 描述性标题。

描述性标题是一种能够简洁明了地概括图表内容的标题,它能够帮助读者快速理解图表所展示的信息。此类标题主要表达的是图表数据的变化或趋势,比如"上个月日活波动平稳,日均值30万"。

(3) 指导性标题。

指导性标题是一种能够直接告诉读者图表的主要内容和目的的标题,它不仅描述了图表中的数据,还暗示了这些数据背后的意义或读者应如何解读这些数据。这种标题通常会根据图表数据给出决策建议,比如"上月账号日活依旧平稳,现有激活策略无效,建议停止以节约成本"。

2. 坐标轴

坐标轴是指在图表中用于表示数据量度和位置的轴线,它们为图表提供了必要的尺度和参考框架。坐标轴通常包括 X 轴(水平轴)和 Y 轴(垂直轴),有时还会包括 Z 轴(深度轴)以表示三维数据。坐标轴上通常会标注刻度和标签,以便读者能够准确地理解图表中的数据位置和数值。

(1) X 轴(水平轴)。

X 轴通常表示自变量的值,可以是时间、类别、序列等。在图表中,X 轴从左到右延伸,用于标记数据点的水平位置。

(2) Y 轴(垂直轴)。

Y 轴通常表示因变量的值,即随自变量变化而变化的量。在图表中,Y 轴从下到上延伸,用于标记数据点的垂直位置。

(3) Z 轴(深度轴)。

Z 轴是在三维图表中用于表示第三个维度的数据值。二维图表中通常只有 X 轴(水平轴)和 Y 轴(垂直轴),而在三维图表中,Z 轴增加了第三个维度,允许我们在三维空间中标记数据点的位置。

3. 图例

图例是图表中用于解释各个元素的含义的部分,它通常包括对图表中的符号、颜色、线条样式或其他标记的说明。图例能够帮助读者理解图表中的不同数据系列或分类,使他们能够正确解读图表信息。图例的主要组成部分包括标记(图表中使用的符号、颜色或线条样式)和标签(与标记相对应的文字说明)。通过设置图例的位置、布局和标签,可以使图表更加清晰、易懂。例如,在柱状图中,图例可以帮助区分不同的数据系列,并解释颜色或符号的含义。

在可视化图表中,图例一般有以下几个作用。

(1)解释说明。

图例通过符号、颜色或标记等形式,对地图中的各类地理事物或图表中的统计数据进行解释说明,帮助读者快速理解地图或图表内容。

(2)辅助分析。

图例可以帮助读者分析地图或图表中的信息,如通过铁路、高速等图例,分析某一地区的交通条件;通过河流、湖泊等图例,分析某一地区的水文及灌溉条件等。

(3)便于交流。

图例作为一种标准化的表示方法,有助于不同读者对地图或图表内容的理解和交流。

4. 数据标签

数据标签通常是指在图表、图形或数据可视化中,用于标注数据点或数据系列的文本或符号,旨在帮助读者更准确地理解图表中的数据点或区域的具体数值。数据标签可以显著提高图表的可读性和实用性,特别是在数据点密集或数值相近的情况下,可以使图表更加清晰。

数据标签主要有以下几种类型。

(1)数据点标签。

数据点标签是在图表中直接标注数据点的具体数值的小文本标签,它们直接附着在数据点上,提供关于该数据点的具体信息或数值。此类数据标签能帮助读者直观地了解每个数据点的含义,而无须额外的解释或说明。

(2)条形图标签。

条形图标签是在条形图中直接标注条形具体数值的小文本标签。这些标签通常出现在条形的上方或旁边,可以帮助读者更准确地理解每个条形的具体数值,尤其是在条形密集或数值相近的情况下。

(3)饼图标签。

饼图标签是在饼图中直接标注扇形区具体数值的小文本标签,它们通常出现在扇形区内部或外部。饼图标签可以显著提高图表的可读性和实用性,通过设置标签的位置、样式和显示方式,可以增强图表的准确性和可读性。

(4)自定义标签。

自定义标签是指在图表中根据需要放置的文本标签。这些标签可以用于解释特定的数据点、区域或图表中的其他重要信息。自定义标签可以显著提高图表的可读性和实用性,特别是在需要突出某些关键信息或提供额外上下文语境的情况下。

5. 网格线

网格线也称网格或格线,是用于辅助读者更好地理解数据位置的一系列水平和垂直线条。它们通常以水平或垂直的方式绘制在图表上,形成网格状结构,使得图表更易于阅读和解析。

在可视化图表中,网格线一般有以下几个作用。

（1）辅助定位。

网格线能够帮助读者快速找到数据点在图表中的位置，从而更好地了解数据分布情况。

（2）提升可读性。

网格线将图表划分为多个区域，使得数据点之间的间距和位置关系更加清晰明了。这种清晰的视觉划分有助于提高图表的可读性，使读者能够更快地理解图表中的信息。

（3）辅助比较。

网格线可以帮助读者比较不同数据点的数值大小和趋势变化。通过将不同数据点放在同一网格线上进行比较，可以使读者更加直观地感受到数据之间的差异和联系。

（4）突出重要信息。

在某些情况下，可以通过调整网格线的样式或颜色来突显图表中的重要信息。例如，可以使用粗线或深色网格线来突出显示某些关键区域或阈值，从而引导读者关注这些重要信息。

6. 数据展示

数据展示是指将数据以图表、表格或其他可视化形式进行展现，目的是让数据更容易被理解和消化。通过选择合适的图表类型、调整样式和颜色、添加标签和注释以及使用交互功能，可以显著提高数据的可读性和实用性，帮助人们快速捕捉数据中的关键信息和趋势。

数据展示的形式一般有以下几种。

（1）表格。

表格是最常见、最基础的数据展示形式。它以行和列的方式展示数据，每个格子中都可以填入文字、数字等内容。表格的特点是结构清晰、易于比较和查找特定数据。

（2）图表。

图表是数据展示中较为直观生动的形式。它通过图形的方式展示数据，能够清晰地展示数据的趋势、比例和关系。常见的图表类型包括条形图、折线图、饼图、雷达图等。

（3）图像。

图像也是一种常用的数据展示形式。它可以通过图像的方式呈现数据的分布、密度和变化等信息。例如，热力图就是一种常见的图像展示形式，可以通过颜色深浅来表示数据的大小。

（4）地图。

地图是一种基于地理空间的数据展示形式。地图上标记不同位置的数据，通过不同的颜色、大小或图标来表示大小或类别。地图数据展示在交通、气象、城市规划等领域具有广泛的应用。

7. 时间轴

图表中的时间轴是一种专门用于表示时间序列数据的坐标轴，它是一条水平线或垂直线，上面标有时间刻度，用于指示数据点对应的时间点，显示数据随时间的变化情况。时间轴可以按不同的时间单位进行划分，如年、月、日、小时等，这取决于所要展示的数据的时间跨度。在折线图、面积图等时间序列图表中,时间轴尤为重要,因为它可以帮助读者理解数据随时间变化的趋势和规律。

时间轴主要有以下几种类型。

(1)线性时间轴。

线性时间轴是沿水平方向延伸,展示时间的连续性和线性关系的时间轴。需要注意的是,线性时间轴的设计应考虑数据的特性和展示需求。例如,如果数据的时间跨度较大,可能需要采用缩放或滚动的方式来查看整个时间段的数据变化;如果数据的变化趋势较为复杂,可能需要采用更复杂的图形化方式来呈现,以便更好地展示其细节和特征。

(2)环状时间轴。

环状时间轴也称圆形时间轴或环形时间线,是一种将时间线以环形方式展示的视觉化工具。它通常用于表示周期性事件或长期趋势中的循环特征。在环状时间轴上,时间被组织成一个闭环,从起点开始,沿着环形的路径向前推进,直到再次回到起点,形成一个完整的周期。需要注意的是,环状时间轴将时间组织成一个闭环,因此它可能不适用于展示具有明确起点和终点的线性事件或趋势。

(3)交互式时间轴。

交互式时间轴是一种允许用户通过各种操作(如滑动、缩放、点击等)来探索时间序列数据的可视化工具。它结合了时间轴的可视化展示与用户交互功能,使用户能够更直观地理解数据随时间的变化趋势,并能够根据需要深入探索特定时间段的数据。通过交互式时间轴,用户可以轻松地放大、缩小或平移时间轴以查看不同时间段的数据细节,同时可以通过交互操作来筛选、比较和分析不同时间段的数据。

(4)多维度时间轴。

多维度时间轴是一种将多个时间序列数据在一个图表中同时展示的方式,通常用于展示不同维度或类别的时间序列数据。通过多维度时间轴,用户可以更全面地了解数据在不同时间段的变化情况,发现数据之间的关联和趋势。这种工具特别适合用于需要处理大量时间序列数据的应用场景,如金融市场分析、气象数据监测等。

第三节 新媒体数据可视化的制作

(一)数据可视化图的常用制作工具

1. Excel

Excel 是 Microsoft Excel 的简称,它是由美国微软公司开发的一款电子表格软件。Excel 具有数据存储、数据分析、数据计算和图表展示等功能。它由一系列行和列组成,形成一个个网格,每个网格为一个单元格,单元格可以存储文本、数字、公式等元素。Excel 是数据分析的入门级工具,其图形化功能虽然不如专业工具强大,但足够用于快速分析和创建仅供企业内部使用的数据图。

Excel支持多种图表类型,如柱状图、折线图、饼图等,并且可以通过调整颜色、线条和样式来美化图表。尽管Excel在颜色、线条和样式上可选择的范围有限,但作为高效的内部沟通工具,它依然是许多企业的必备工具之一。

2. Google Charts

Google Charts是一个免费且易于使用的JavaScript库,它能够帮助开发者在网页上创建和嵌入交互式图表。这个库支持创建多种类型的图表,包括但不限于折线图、柱状图、饼图、散点图、地图、树状图等。Google Charts通常使用SVG(可缩放矢量图形)和VML(矢量标记语言)来绘制图表,以确保它们在不同的浏览器中都能被正常操作。需要注意的是,如果要在网页中使用Google Charts,设计者需要安装包含Google Charts的JavaScript文件,然后设置好图表的数据和配置选项。

3. D3.js

D3.js(Data-Driven Documents)是一个强大的JavaScript库,用于创建高度定制化的数据可视化产品。它利用HTML、SVG和CSS来呈现数据,并支持动态动画、交互性和数据绑定。D3.js具有极高的灵活性,使开发者能够从底层构建出发,打造完全个性化的图表。此外,它还具有良好的跨平台兼容性,并得到了活跃社区的支持。例如,设计者可以使用D3.js创建一个简单的条形图,通过加载数据、选择DOM元素、绑定数据、定义转换并添加交互来实现。这种灵活性使得D3.js成为创建复杂数据驱动可视化应用的理想选择。

4. Tableau

Tableau是一款被广泛使用的商业智能(BI)和数据分析软件,它能够帮助用户快速地分析、可视化并分享数据。Tableau提供了一系列产品和服务,旨在简化数据探索和报告过程,使非技术用户也能轻松地从数据中获得深刻的见解。Tableau提供了直观的拖放式界面,用户无须编写代码即可创建复杂的图表和仪表板。此外,Tableau还支持实时数据更新和多种数据源连接,非常适合需要处理大量数据的应用场景。

5. Power BI

Power BI是微软公司推出的一款商业分析软件,它提供了一整套工具和服务,用于连接各种数据源、准备和清理数据、创建交互式可视化仪表板,以及分享可视化成果。Power BI的主要组成部分包括Power BI Desktop(用于创建报表和仪表板的桌面应用程序)、Power BI Service(基于云的服务,用于发布和管理报表)、Power BI Mobile Apps(移动应用程序,用于在移动设备上查看和交互报表),以及Power BI Report Server(用于在企业内部网络中托管和管理报表)。Power BI的关键特性包括易用性、交互性、动态性、安全性、扩展性、集成性,其具有丰富的可视化类型、强大的实时分析能力和数据融合功能等。Power BI被广泛应用于业务分析、运营监控、科学与研究以及教育等领域,能够帮助企业和组织从数据中提取有价值的信息并做出更明智的决策。

6. ECharts

ECharts是由百度开发的一款开源JavaScript图表库,用于创建动态的数据可视化图表。ECharts支持多种图表类型,如折线图、柱状图、饼图等,并具备丰富的配置选项和交互功能。用户可以使用ECharts轻松地在网页上创建美观、动态且交互性强的图表。使用ECharts时,用户需要先在HTML文件中引入它的JS文件,然后定义一个图表容器,初始化图表实例,并通过设置图表选项来展示数据,创建一个简单的柱状图只需几行代码即可实现。ECharts的这些特性使其成为开发者制作高质量数据可视化应用的理想选择。

7. 词频分析工具

词频分析是统计文本中各个词语出现频率的一种方法,常用于文本挖掘、自然语言处理等领域。这种分析有助于识别文档中的关键词汇,进而让用户更好地理解文本内容。词频分析的基本步骤包括文本预处理(如去除标点符号、转换为小写)、分词、统计词频及排序输出等。目前有许多软件或程序可以用来进行词频分析,如NLTK等Python库、在线词云软件等。

(二)新媒体数据可视化制作案例

1. 抖音护肤品账号Excel数据图表制作

以抖音护肤品账号为例,介绍制作Excel数据图表的步骤与方法。

(1)步骤1。

在工作表中选中任意数据单元格,切换到"插入"选项卡,在"图表"组中单击"推荐的图表"按钮,如图5-9所示。

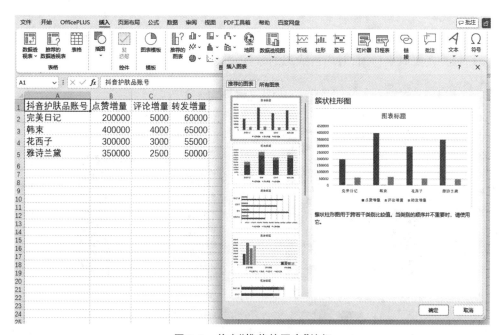

图5-9 单击"推荐的图表"按钮

(2)步骤2。

在弹出的"插入图表"对话框中,切换到"所有图表"选项卡。然后在左侧选择"组合图"选项。同时,在"自定义组合"对话框的"点赞增量"系列下拉列表中选择"簇状柱形图"选项;在"评论增量"系列下拉列表中选择"带数据标记的折线图"选项,并在右侧勾选"次坐标轴"复选框;在"转发增量"系列下拉列表中选择"带数据标记的折线图"选项,并在右侧勾选"次坐标轴"复选框。最后,单击"确定"按钮,如图5-10所示。

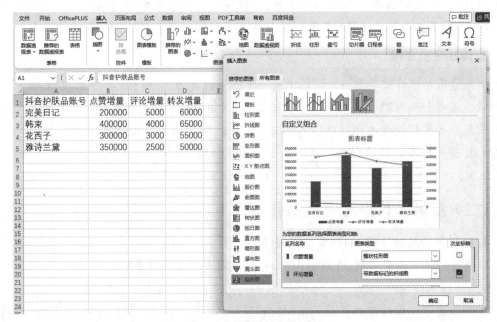

图5-10 设置组合图表类型

(3)步骤3。

查看创建的组合图表,左侧的纵坐标轴为主要纵坐标轴,对应的是柱状图的数据;右侧的纵坐标轴为次要纵坐标轴,对应折线图的数据,如图5-11所示。

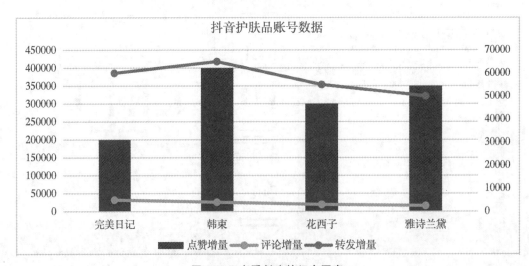

图5-11 查看创建的组合图表

(4)步骤4。

选中图表,单击右上方的"图表样式"按钮,在弹出的界面中选择所需的样式,如图5-12所示。

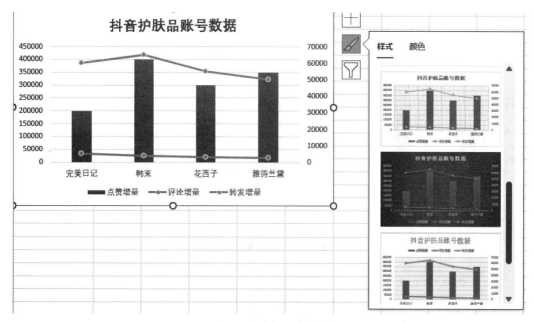

图5-12 选择图表样式

(5)步骤5。

单击右上方的"图表样式"按钮,在弹出的界面上方选择"颜色"选项,然后选择所需的配色方案,如图5-13所示。

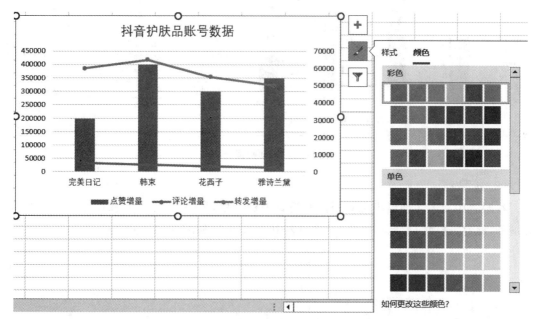

图5-13 选择配色方案

(6) 步骤6。

选中图表,单击右上方的"图表元素"按钮,在弹出的界面中选择"图例"—"底部"选项,将图例置于图表底部,如图5-14所示。

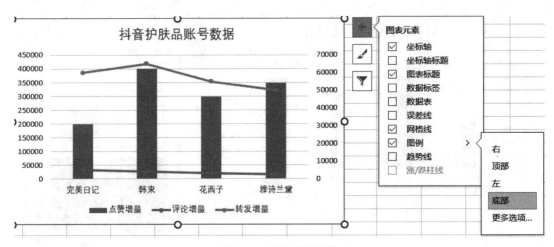

图5-14 设置图例位置

(7) 步骤7。

在图表中选中"评论增量"系列,单击右上方的"图表元素"按钮,在弹出的界面中选择"数据标签"—"上方"选项,为其添加数据标签,如图5-15所示。

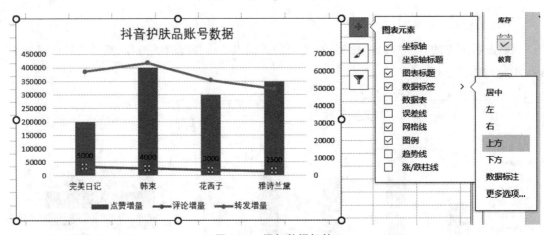

图5-15 添加数据标签

(8) 步骤8。

在图表中双击主要纵坐标轴,打开"设置坐标轴格式"窗格,在上方选择"坐标轴"选项,并展开"标签"选项,在"标签位置"下拉列表中选择"无",如图5-16所示。

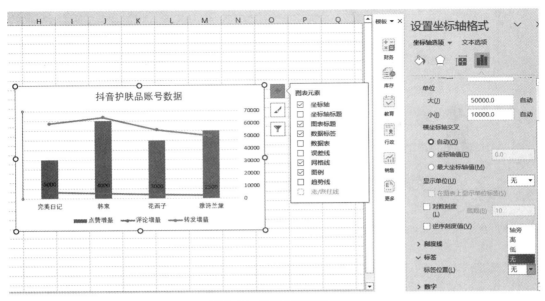

图 5-16　设置坐标轴标签

(9) 步骤9。

采用同样的方法设置次要纵坐标轴,隐藏图表中的纵坐标轴,效果如图5-17所示。

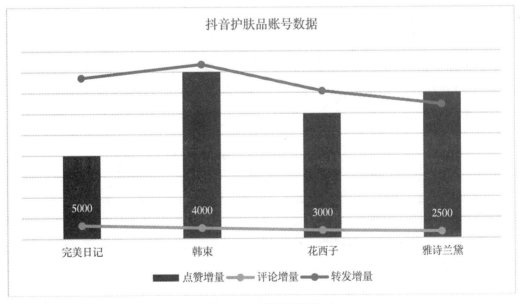

图 5-17　隐藏纵坐标轴

(10) 步骤10。

选中图表,单击图表右上方的"图表筛选器"按钮,可以在弹出的界面中对系列和类别项进行选择和筛选,筛选完成后单击下方的"应用"按钮,如图5-18所示。

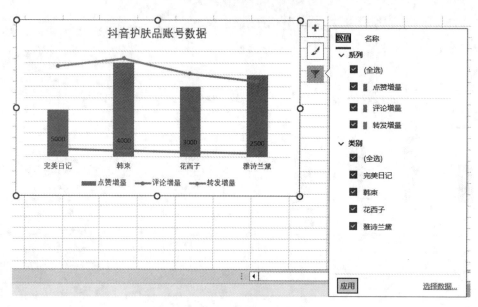

图 5-18 筛选图表数据

2.《热辣滚烫》豆瓣短评的数据可视化制作

下面以 2024 年春节档上映的《热辣滚烫》豆瓣短评(部分)为例,进行数据可视化制作案例演示。

(1)步骤 1。

打开集搜客快捷采集页面,点击豆瓣网站,进入豆瓣电影短评页面,得到豆瓣电影短评网址。输入《热辣滚烫》豆瓣电影短评网址,选择抓取的页面范围后点击获取数据,如图 5-19 所示。

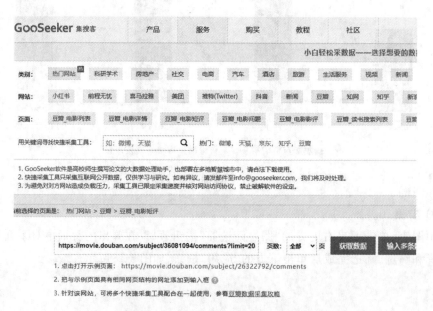

图 5-19 在集搜客中输入《热辣滚烫》豆瓣短评采集网址

(2) 步骤2。

在集搜客会员中心点击"快捷采集"模块,对已采集的《热辣滚烫》豆瓣电影短评数据进行打包下载,如图5-20所示。

图5-20 《热辣滚烫》豆瓣短评已采集数据打包

(3) 步骤3。

对打包数据进行数据清理,删除短评之外的其他内容,并将其导入集搜客"中文分词和情感分析软件"之中。新建任务,并进行关键词抽取、社会网络分析以及创建高频词云图等操作,如图5-21所示。

图5-21 新建《热辣滚烫》可视化任务

(4) 步骤4。

对新建任务中导入的数据进行分词选词操作。在合并同义词的同时,进一步滤除数字、单字、网址、英文等内容,如图5-22所示。

图 5-22 《热辣滚烫》电影短评分词选词

(5) 步骤5。

在选词结果中选择数据,并点击"创建词云图"命令。在弹出的词云图工具栏中完成词云图的词数、幅面(宽高)等设置,如图 5-23 所示。下载并保存设置之后的词云图。

图 5-23 《热辣滚烫》短评词云图

(6) 步骤6。

在"社会网络"模块点击"共词矩阵匹配",再点击"网络图"按钮,即可查看词与词之间的社会网络关系,如图 5-24 所示。

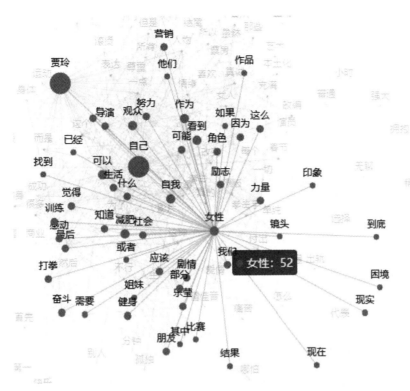

图 5-24 《热辣滚烫》短评社会网络关系图

第六章 社交媒体运营数据分析与应用

通过社交媒体运营数据分析，运营者可以深入了解用户在社交媒体平台的行为模式，如浏览习惯、互动方式、兴趣偏好等，为制定和完善运营策略提供有力支持。根据运营数据分析结果，运营者可以调整和优化内容策略，提高内容的吸引力、传播力和转化率，识别并满足用户的需求和期望，提升用户满意度和忠诚度。

第一节 微信公众号运营数据分析与应用

登录微信公众号后台，在左侧统计"数据"菜单栏中，运营者可以查看公众号的数据分析结果。这些数据分析结果主要包括内容分析、用户分析、菜单分析、消息分析以及接口分析，如图6-1所示。然而，对于大多数公众号而言，接口分析通常用于已经进行了单独开发的公众号，因此普通公众号运营者需要特别关注和掌握的是内容分析、用户分析、菜单分析、消息分析这4项内容。

（一）内容分析

内容分析涵盖"已发表内容"和"多媒体"两个模块。"已发表内容"包括昨日核心数据、流量分析，其中流量分析包括数据趋势、流量来源等内容；"多媒体"包括微信视频号的各项动态数据。

图6-2展示了某公众号内容分析的昨日核心数据，包括其与前一日、上周（7天前，下同）、上月（30天前，下同）在阅读次数、分享次数和完成阅读次数

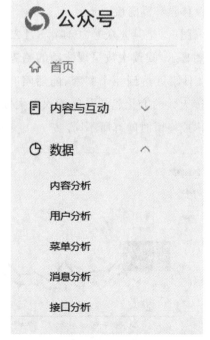

图6-1 微信公众号统计"数据"菜单栏

新媒体数据分析与应用

昨日核心数据

阅读(次)	分享(次)	完成阅读(次)
289	5	146
日 ↑21.43%	日 —	日 ↑26.96%
周 ↑38.28%	周 —	周 ↑30.36%
月 ↓56.99%	月 ↑25%	月 ↓60.33%

图6-2 某公众号内容分析：昨日核心数据

三个关键指标上的对比。昨日阅读次数为289次，与前一日相比增长了21.43%，比上周的阅读次数增长了38.28%，这表明昨日的内容吸引了更多的用户阅读。昨日分享次数为5次，对比上月也呈现增长的趋势。完成阅读次数为146次，与前一日相比增长了为26.96%，比上周增长了30.36%，这说明用户对昨日内容的满意度较高，愿意将其分享给更多的人。而从月度数据对比来看，与上月相比，阅读次数下降56.99%，下降水平非常显著，可能需要深入分析以找出原因，如内容质量、推广策略或目标受众的变化等。完成阅读次数与上月相比也大幅度下降，降幅达60.33%。这进一步证实了内容可能存在质量问题或用户兴趣可能发生了转移。虽然昨日及周期的阅读次数和完成阅读次数有所增长，但月度数据呈现下滑趋势，这可能意味着需要优化内容质量、调整推广策略或重新定位目标受众，以提高用户的阅读体验和满意度。

图6-3是某公众号2024年5月22日至2024年6月20日时间段的流量数据趋势。数据趋势图显示，阅读次数呈现波动的趋势。具体来说，从5月22日开始，阅读次数波动上升，在6月4日附近达到一个高峰，随后略有下降，然后再次缓慢上升，在6月11日之后趋于平稳。阅读人数的变化趋势与阅读次数大体一致但并不完全同步，这可能意味着单个读者的阅读频率或停留时间有所不同。

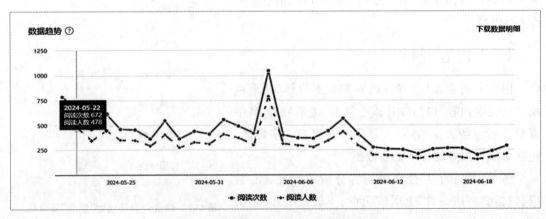

图6-3 某公众号内容分析：流量数据趋势

图6-4呈现了某公众号内容不同来源的流量分布情况。流量来源总次数达到1.3139万次,表明在统计周期内,总共有1.3139万次的流量访问。主要的流量来源分布:"更多"占比达到16.39%,具体数值为2154次;"公众号消息"占比为35.48%,具体数值为4662次,这表明公众号消息推送是吸引用户访问的重要途径;"搜一搜"(6184次)是有效的流量来源,占比47.07%;而"聊天会话"占比仅为0.97%,具体数值为127次;"朋友在看"占比仅为0.01%,具体数值为1次,这表明通过"朋友在看"功能带来的流量几乎可以忽略不计;"朋友圈"占比也比较低,仅为0.08%,具体数值为11次,这表明通过朋友圈分享带来的流量有限。

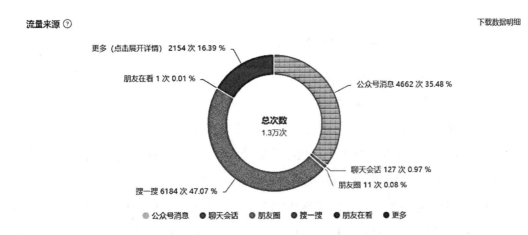

图6-4 某公众号内容分析:流量来源

(二)用户分析

用户分析部分包括用户增长、用户属性以及常读用户分析三大模块。其中,用户增长由昨日关键指标、数据趋势构成;用户属性由人口特征、地域归属、访问设备构成;常读用户分析由常读用户总览、性别分布、年龄分布、城市分布、终端分布构成。

图6-5展示了某公众号用户分析的昨日关键指标,包括新关注人数、取消关注人数、净增关注人数和累计关注人数。同时,还提供了日、周、月的变化百分比,以便对账号的增长趋势和用户参与度进行深入分析。具体来说,昨日有106人新关注了该账号,显示出一定的增长活力。然而,也有46人取消了关注,这可能是由多种因素导致的,如内容质量、推送频率、用户兴趣变化等。尽管如此,净增关注人数仍然有60人,说明整体上该账号的用户数量在增加。该账号的累计关注人数达到了27573人,这是一个相对较大的基数,为账号的进一步发展提供了坚实的基础。但同时,也需要注意维护现有粉丝的活跃度和忠诚度,避免过多的用户取消关注。

从变化百分比来看,日增长数据中的不同指标显示了不同的趋势。例如,"日↑24.71%"可能指的是新关注人数的日增长率,其他日增长数据如"日↑9.52%""日↑39.53%"和"日↑0.22%"也分别代表了取消关注人数、净增关注人数、累计关注人数的增长情况。这些数据的波动可能反映了账号在不同时间段的运营效果和受众反馈。周增长和月

昨日关键指标

新关注人数	取消关注人数	净增关注人数	累计关注人数
106	46	60	27,573
日 ↑24.71%	日 ↑9.52%	日 ↑39.53%	日 ↑0.22%
周 ↓14.52%	周 ↑2.22%	周 ↓24.05%	周 ↑1.55%
月 ↓56.02%	月 ↓51.06%	月 ↓59.18%	月 ↑11.88%

图6-5 某公众号用户分析：昨日关键指标

增长数据则提供了更长时间范围内的趋势分析。周数据中的"周↓14.52％"和"周↑2.22％"等指的是与上周相比的增长情况，月数据中的"月↓56.02％"和"月↓51.06％"等指的是与上月相比的增长或降幅情况。总的来说，这张图片通过具体的数据和百分比变化，为账号的运营者提供了丰富的分析素材。深入分析这些数据，可以了解账号的用户增长情况、用户参与度以及潜在的问题和改进方向，从而制定更有效的运营策略。

图6-6为某公众号2024年5月22日至2024年6月20日时间段的用户关注趋势。从数据趋势具体来看，新增关注数量在这段时间内呈现一定的波动。在某些时间点新增关注数量达到了相对较高的水平，这可能意味着在这些时间点前后发生了某些能促进用户增长的事件。而在其他时间点，新增关注数量有所下降，这可能是多种因素导致的，如内容更新频率、内容质量、推广力度等。

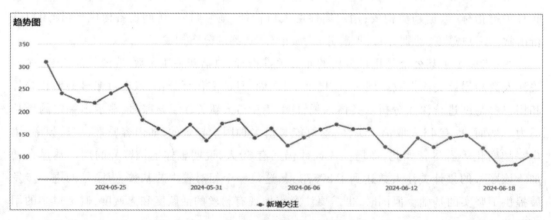

图6-6 某公众号用户关注数据趋势

图6-7呈现了某公众号用户属性的人口特征数据。从性别分布来看，女性用户总数为15205人，占总用户数的55.14％。这表明在当前的用户群体中，女性用户占据了多数。男性用户总数为11236人，占总用户数的40.75％，略少于女性。

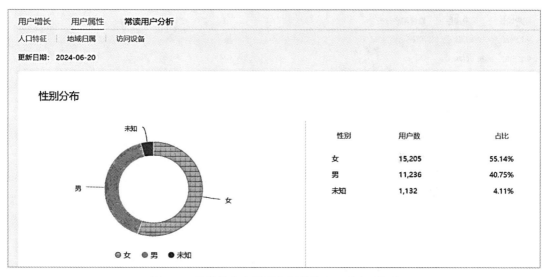

图 6-7　某微信公众号用户属性的人口特征:性别

从年龄分布来看(见图 6-8),某公众号"18 岁到 25 岁"用户数量最多,为 12155 人,占比为 44.08%;26 岁到 35 岁用户为 5264 人,占比为 19.09%;36 岁到 45 岁用户为 3893 人,占比为 14.12%;18 岁以下的用户为 2937 人,占比为 10.65%;60 岁以上用户为 372 人,占比为 1.35%。整体上看,该公众号受众年龄为 18 岁至 35 岁的用户占比为 63.17%,表明其用户以年轻人为主。

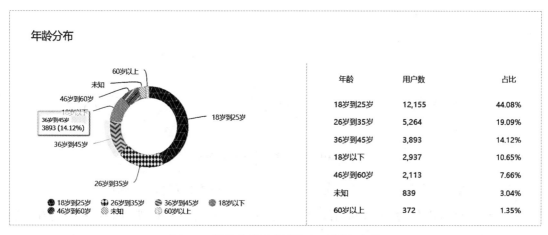

图 6-8　某公众号用户属性人口特征:年龄

图 6-9 为某公众号用户属性的访问设备数据。通过该图,我们可以清晰地看到用户群体所使用的不同终端设备的占比和具体数量。其中,使用装有 Android 的终端设备的用户总数为 19897 人,这一数字不仅表明了 Android 用户群体的庞大,也反映了该群体对于该公众号的高黏度。iPhone 用户的占比虽然低于 Android,但总数也有 7613 人,说明该公众号同样吸引了一定数量的 iPhone 用户。这些信息对于了解用户行为、优化产品策略以及提升用户体验等具有重要的参考价值。

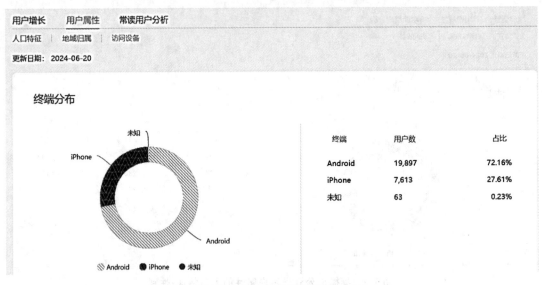

图6-9 某公众号用户属性的访问设备

图6-10为某公众号常读用户分析数据。该图显示,2024年5月,该公众号常读用户数量增加了809人,常读用户数达到3451人,常读用户比例为13%。这些数字反映了该公众号有一定规模的忠实用户群体。

图6-10 某公众号常读用户分析

图6-11为某公众号常读用户的城市分布。该图将用户按照城市级别进行了分类,包括一线城市、二线城市、三线城市和四线及以下城市,以及一个"未知"类别。这种分类有助于了解不同城市级别用户的行为差异。从图中可以看出,从2023年12月到2024年5月,各个级别城市中的常读用户数量都呈现一定的波动。具体来说,一线城市和二线城市的常读用户数量相对较少,且波动相对较小;三线城市和四线及以下城市的常读用户数量相对较多,波动也相对较大。这反映了不同城市级别用户在阅读习惯和活跃度上的差异。

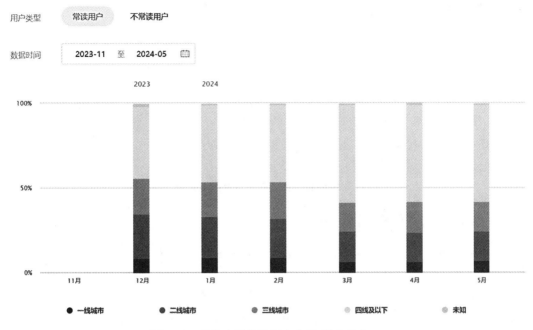

图 6-11 某公众号常读用户分析：城市分布

（三）菜单分析

菜单栏是公众号的重要组成部分，它不仅直观地展示了公众号所提供的服务内容和功能，还是公众号的一个重要流量入口。用户只需点击菜单栏中的某个按钮，就能轻松访问与该按钮相关联的内容，实现快速跳转和浏览，从而提升用户体验感和公众号的互动性。菜单分析有助于运营者深入了解用户对公众号一级菜单及其子菜单的点击行为，从而掌握用户对公众号不同服务内容和功能的关注程度。基于这些分析数据，运营者可以有针对性地调整菜单栏中各个按钮的位置和命名，以确保那些受欢迎或重要的内容能够获得更高的曝光率，进一步提升用户体验感和公众号的整体效益。

某微信公众号后台菜单分析界面如图 6-12 所示。该图显示，该公众号昨日菜单点击次数为 113 次，菜单点击人数为 96 人，人均点击次数为 1.18 次。菜单点击次数日增长率为 20.2%，菜单点击人数日增长率为 23.1%，而人均点击次数下降了 2.3%。相较于上一周，每一项指标都有所下降。从月度指标来看，仅有人均点击次数比上月增长了 4.8%。

图 6-13 为某公众号菜单点击人数。由该图可知，点击"APP 资源"菜单项的用户数最多，表明用户对 APP 资源分享更有兴趣，而点击其他菜单项的人数相对较少。

图 6-14 为某公众号菜单人均点击次数。由该图可知，各菜单项的人均点击次数大致相同且相对稳定。

菜单分析

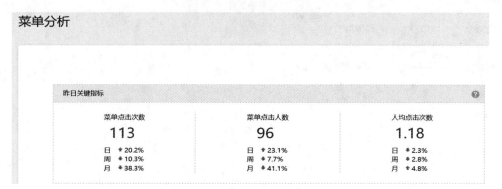

图 6-12　某公众号后台菜单分析

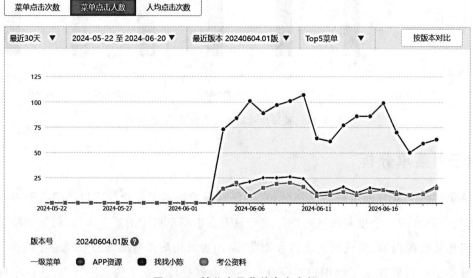

图 6-13　某公众号菜单点击人数

图 6-14　某公众号菜单人均点击次数

(四)消息分析

消息分析是指对用户自主发往后台的消息和关键词的自动回复信息进行分析,以此了解公众号与用户进行互动的情况。公众号消息分析是提升公众号价值和影响力的重要手段。通过对消息内容、传播效果和用户反馈的深入分析,运营者可以不断优化消息策略,提升用户体验和满意度,进一步增强公众号的互动性和影响力。消息分析包括消息分析模块与消息关键词模块。

图6-15为某公众号消息分析昨日关键指标情况。该图显示,昨日消息发送人数为66人,消息发送次数为78次,人均发送次数为1.2次。与前一日相比,消息发送人数和消息发送次数都有明显增长,而人均发送次数下降了13.2%。与上周的关键指标相比,每一项都有明显提升。而与上一月的关键指标相比,消息发送人数和消息发送次数下降幅度较大。

图6-15 某公众号消息分析:昨日关键指标

图6-16为某公众号2024年5月22日至2024年6月20日消息发送人数情况。在微信管理后台可以查询不同时间周期的消息发送人数。该时间段的消息发送人数折线图显示,在这段时间内消息发送人数有一定的波动,但总体呈现缓减趋势。

图6-16 某公众号消息发送人数

图 6-17 为某公众号 2024 年 5 月 22 日至 2024 年 6 月 20 日消息人均发送次数情况。观察图中的数据我们可以发现，虽然该周期内消息发送人数有一定的波动，但人均发送次数在 1.2 次左右，较为稳定。

图 6-17　某公众号消息人均发送次数

图 6-18 为某公众号消息关键词情况。消息关键词模块提供了近 7 日、14 日和 30 日的相关数据，以及具体的时间范围（2024-05-22 至 2024-06-20），这有助于公众号运营方从不同时间维度观察关键词相关数据的变化趋势。该图显示，在 2024 年 5 月 22 日至 2024 年 6 月 20 日公众号后台消息中，出现次数较多的关键词为"知乎""醒图""漫画"和"app"，分析这些关键词有助于了解用户的反馈及需求，从而制定更有针对性的内容策略或市场推广计划。

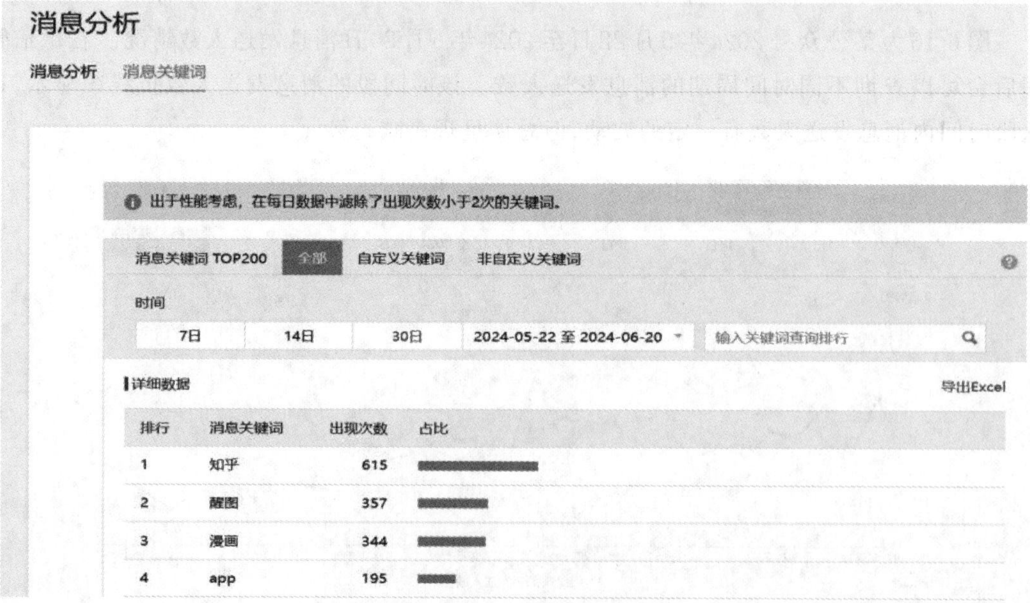

图 6-18　某公众号消息关键词情况

第二节 微博账号运营数据分析与应用

微博账号的主页汇聚了详尽的数据分析模块,这些模块覆盖数据概览、粉丝分析、博文分析、互动分析、相关账号分析、文章分析和视频分析以及大数据实验室等多个方面。在"粉丝分析"模块,运营者可以深入洞察粉丝群体的特征和行为模式;在"博文分析"模块中,运营者可以了解博文的发布效果和用户反馈;通过"互动分析"模块的相关数据,运营者能够评估与粉丝互动的质量;在"相关账号分析"模块,运营者则可以了解与自身账号相关联的其他账号的运营状况。此外,"文章分析"和"视频分析"两个模块分别提供了文章和视频内容的详细数据;"大数据实验室"模块能够帮助运营者了解热词的传播趋势、用户画像,帮助运营者优化内容策略,提升账号的整体运营效果。

(一)数据概览

数据概览是微博账号运营数据的综合展现,为运营者提供了详尽且全面的数据分析视角。

进入个人微博主页,依次点击"创作者中心"—"首页"—"数据概览"—"查看详情数据"—"数据概览",即可查看微博账号的数据概览。图6-19所示为"数据概览"界面。

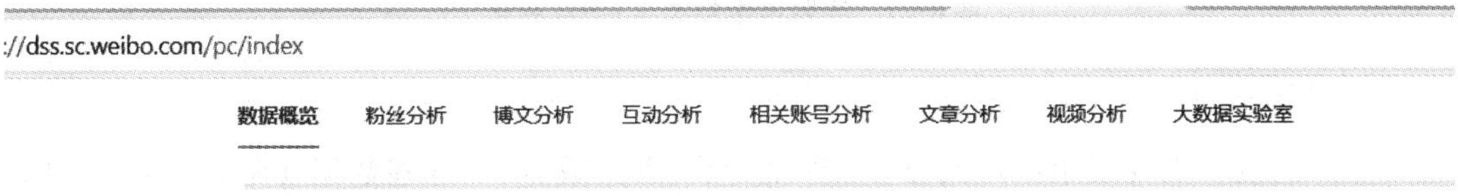

图6-19 微博"数据概览"界面

"数据概览"选项卡包括6个板块。

1. 昨日关键指标

昨日关键指标包括净增粉丝数、阅读数、转评赞数、发博数、文章发布数、文章阅读数、视频发布数、视频播放量等统计数据,并展示了各指标数据与前日、上周和上月的对比情况,如图6-20所示。

2. 粉丝变化

粉丝变化的相关数据主要包括净增粉丝数、新增粉丝数、减少粉丝数(包含粉丝主动取消对账号的关注和账号主动移除粉丝的关注)。该板块详细统计了这些数据在最近一周的变化及其与上个周期数据的对比情况,如图6-21所示。

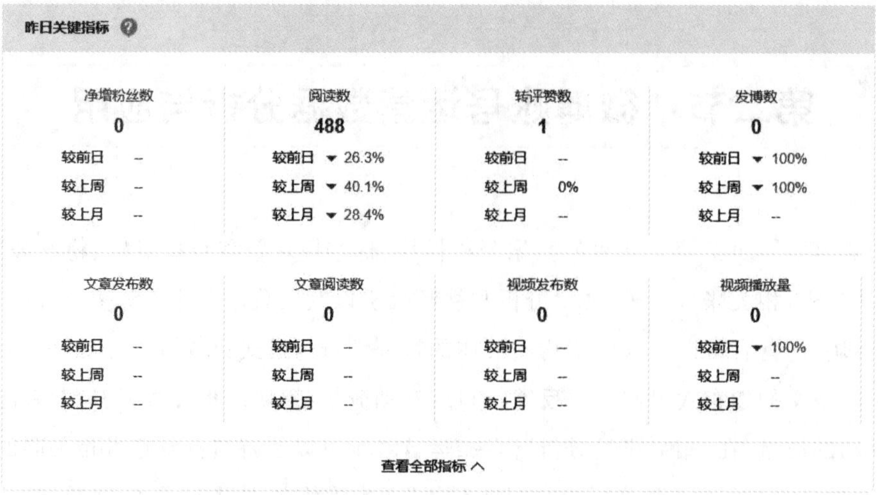

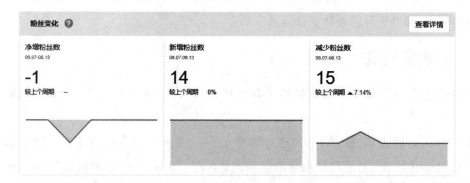

图 6-20　某微博数据概览：昨日关键指标

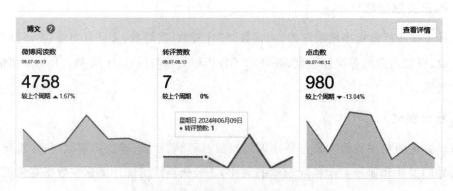

图 6-21　某微博数据概览：粉丝变化

3. 博文

"博文"板块主要展示微博阅读数、转评赞数、点击数，以及这些数据在最近一周内的变化趋势及其与上个周期数据的对比情况，如图 6-22 所示。该图显示 2024 年 6 月 7 日至 13 日，某微博的阅读数为 4758 次，较上个周期增长 1.67%，点击数为 980 次，与上个周期相比下降了 13.04%。

图 6-22　某微博数据概览：博文

4. 我发布的内容

"我发布的内容"板块主要展示发博数、发出评论数、原创微博数,以及这些数据在最近一周的变化趋势及其与上个周期数据的对比情况,如图 6-23 所示。

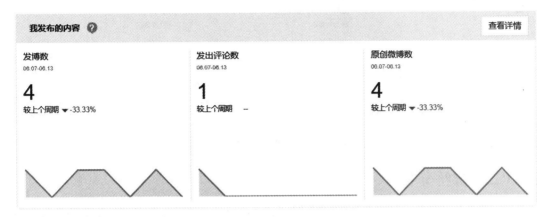

图 6-23　某微博数据概览:我发布的内容

5. 视频

"视频"板块展示了视频发布数、播放量和视频转评赞数,以及这些数据在最近一周内的变化趋势及其与上个周期数据的对比情况,如图 6-24 所示。该图显示 2024 年 6 月 7 日至 13 日,某微博主视频发布数为 0,既有视频播放量为 19 次,播放量较上个周期下降了 20.83%。

图 6-24　某微博数据概览:视频

6. 文章

"文章"板块展示微博文章发布数(账号发出头条文章的篇数)、文章阅读数、文章转评赞数,以及这些数据在最近一周内每天的变化趋势及其与上个周期数据的对比情况,如图 6-25 所示。

图 6-25　某微博数据概览：文章

（二）粉丝分析

依次点击"创作者中心"—"首页"—"数据概览"—"查看详情数据"—"粉丝分析"，运营者即可查看微博账号粉丝数据情况。粉丝分析包括粉丝趋势、活跃分布、粉丝画像，如图 6-26 所示，可以帮助运营者深入了解账号粉丝情况。

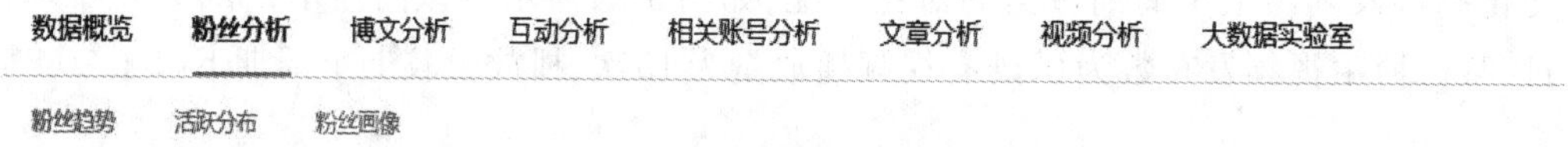

图 6-26　某微博数据中的"粉丝分析"

1. 粉丝趋势

在"粉丝趋势"板块，运营者可以查看"粉丝趋势分析"和"近 7 日取关粉丝列表"，了解微博账号粉丝数据变化情况。

（1）粉丝趋势分析。

在"粉丝趋势分析"子板块，运营者可以查看近 7 天、近 30 天、近 90 天，以及自定义时间段内的粉丝总数、粉丝增加总数、粉丝减少总数、粉丝净增总数、主动取关粉丝总数、平均粉丝增长率等指标数据。其中，平均粉丝增长率＝（当天粉丝数－前一日粉丝数）÷前一日粉丝数×100%。运营者可以选择任意两个指标进行统计分析。借助趋势变化图这一工具，运营者可以迅速捕捉到粉丝数据的动态变化，并进一步利用此图深入探索导致数据波动的潜在原因。图 6-27 为某微博账号近 7 天粉丝总数和粉丝净增数趋势图。从该图可看出，该微博账号粉丝净增数呈减少趋势，说明有粉丝取消关注该博主账号。运营者需从发布的内容、数量、时间等方面分析存在的问题，进而总结教训，改进运营策略。

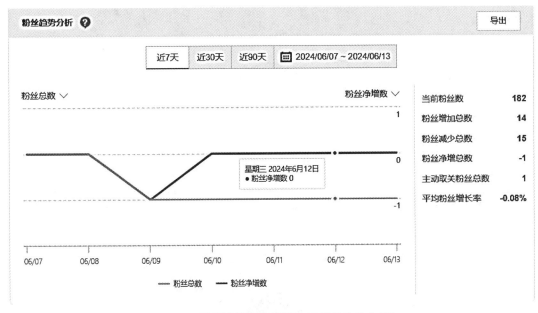

图 6-27　某微博数据中的"近 7 天粉丝趋势分析"

（2）近 7 日取关粉丝列表。

"近 7 日取关粉丝列表"子板块详细列出了最近 7 天取消关注的微博账号、取消关注时间、最近关注时长、粉丝数等信息。由图 6-28 可看出，近 7 日有一位粉丝取关该博主。

图 6-28　某微博数据中的"近 7 日取关粉丝列表"

2. 活跃分布

在"活跃分布"板块，运营者能够深入了解账号近 7 日的粉丝活跃时间分布详情。通过这一功能，运营者可以具体地了解在哪一天以及哪个时间段内粉丝的活跃度较高，进而据此选择最佳的营销时间，以提升活动的参与度和效果。

3. 粉丝画像

在"粉丝画像"板块，运营者能够查看微博账号的粉丝类型、粉丝星座等关键信息。这些信息有助于他们深入了解粉丝的特征，绘制更为精准的粉丝画像。基于粉丝画像，运营者可以更加精准地制定内容创作策略，发布更符合粉丝需求和兴趣的内容，从而有效增强粉丝的黏性和互动性。图 6-29 为某微博账号的粉丝类型与粉丝星座情况。

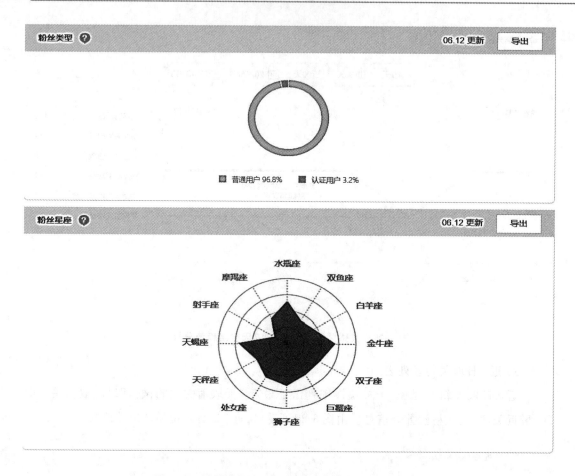

图 6-29　某微博数据中的"粉丝类型与粉丝星座情况"

（三）博文分析

依次点击"创作者中心"—"首页"—"数据概览"—"查看详情数据"—"博文分析"，运营者即可查看微博账号所发布的博文数据情况。微博博文数据分析包括微博阅读趋势，微博转发、评论和赞，单条微博分析等。

1. 微博阅读趋势

微博阅读趋势涵盖阅读数和发博数两个关键指标。运营者可以查看近7天、近30天、近90天或指定时间段内微博的发布数量以及这些微博被阅读的次数。值得注意的是，同一条微博可以被同一用户多次阅读。图6-30展示了某微博账号近7天内阅读数和发博数的变化趋势。可以明显看出，阅读数和发博数之间存在正相关关系，即随着发博数减少，阅读数也呈下降趋势。

因此，对该微博运营者来说，想要增加微博的阅读数，一个有效的策略就是增加优质博文的发布量。持续发布高质量、有吸引力的内容，不仅可以吸引更多用户的关注，还能增强用户与微博账号的互动，从而进一步增加阅读数，增强账号的影响力。

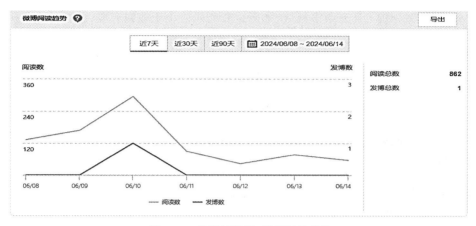

图 6-30　某微博数据：微博阅读趋势

2. 微博转发、评论和赞

微博的转发、评论和点赞是衡量账号发布内容与用户之间互动情况的重要指标。在"微博转发、评论和赞"板块中，运营者可以查看账号近7天、近30天、近90天或指定时间段内发布的博文所获得的转发、评论和点赞数量的变化趋势，这一数据直接反映了账号的互动率。观察图6-31所展示的某微博的变化趋势，我们可以发现，其转发、评论和点赞的数量越多，账号的互动率越高，这表明博文内容成功激发了用户的共鸣，吸引了他们的关注和参与。相反，如果转发、评论和点赞的数量较少，可能是博文内容并未引发用户的互动欲望，此时运营者就需要考虑调整运营策略，以提升内容的吸引力和用户的参与度。

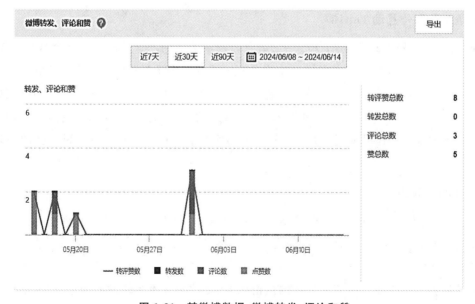

图 6-31　某微博数据：微博转发、评论和赞

因此，对于微博运营者来说，密切关注转发、评论和点赞的数据变化，是了解用户反馈、优化内容创作和提升账号影响力的关键。通过及时分析数据并调整策略，运营者可以更有效地与用户进行互动，提升账号的活跃度和影响力。

此外,在博文分析下还有很多板块,如图6-32所示。由于篇幅有限,这里不再展开叙述。

> **微博阅读人数:**
> 　　了解您微博覆盖的人数,排重每日阅读过您发布微博的用户计算得出
> **点击趋势分析:**
> 　　让您更好地了解图片和短链是否有效触达到目标用户
> **单条微博阅读趋势:**
> 　　详细分析一条微博发出后的阅读趋势,阅读人数是排重当日阅读过您发布微博的人数
> **单条微博转发、评论和赞:**
> 　　分析一条微博发出后的转发、评论和点赞趋势,了解微博的互动效果
> **单条微博点击趋势:**
> 　　分析单条微博中图片和短链的触达效果
> **单条微博阅读来源分析:**
> 　　按照主关注流、分组关注流、热门流、搜索页、个人主页和其他来源展示一条微博发出后7天内不同阅读来源的分布情况
> **单条微博粉丝阅读分析:**
> 　　统计一条微博发出后7天内,您的粉丝与非粉丝用户阅读到这条微博占比,帮助您分析该条微博的传播效果

图 6-32　某微博数据中博文分析的其他板块

(四) 互动分析

依次点击"创作者中心"—"首页"—"数据概览"—"查看详情数据"—"互动分析",运营者即可查看账号互动数据情况。互动数据包括近7天账号互动Top10、我的影响力及我发出的评论等内容。

1. 近7天账号互动Top10

在"近7天账号互动Top10"板块中,运营者能够查看过去7天与账号互动次数前10名用户名单。这一功能为运营者提供了宝贵的运营参考,因为这些互动次数较多的用户群体不仅显示出了对账号及其内容的浓厚兴趣,还具有较强的黏性。为了进一步巩固和拓展这些核心用户群,运营者应当给予其特别的关注和维护服务。例如,可以考虑为这些用户创建一个专属的社群,为其提供更精准、更个性化的服务,从而逐渐扩大并稳固自己的私域流量池。

2. 我的影响力

"我的影响力"板块是衡量一个微博账号在微博平台中影响力大小的重要指标。该指标主要通过影响力、活跃度、传播力、覆盖度四部分评定,如图6-33所示。

(1) 影响力。

账号的影响力是通过运营者发布的微博内容、微博被评论和转发的频率,以及活跃用户的数量来综合评估的。

(2) 活跃度。

微博账号权重数值是根据用户一系列互动行为的活跃度综合计算得出的,包括发布微博、转发、评论以及发送私信等。为了提升微博账号的权重和活跃度,运营者通常会策略性

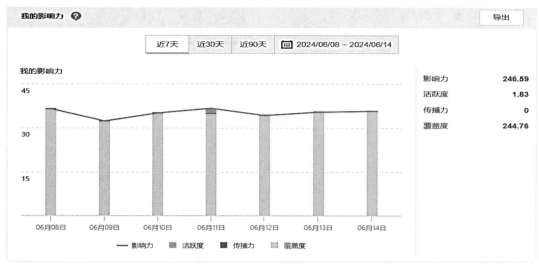

图 6-33　某微博数据：我的影响力

地发布高质量微博内容，以吸引并留住用户。同时，通过引导用户积极转发、评论以及发送私信等互动，也能有效提高账号与用户之间的互动频率，从而进一步提高微博账号的活跃度和影响力。

（3）传播力。

一个微博账号传播力的强弱体现在每篇微博平均被转发和被评论的次数以及参与人数的多少。当微博内容被更频繁地转发和评论，且吸引更广泛的用户群体时，该账号的传播力就更强。

（4）覆盖度。

覆盖度的高低取决于当天账号产生互动的用户数量。当有更多的用户登录并参与到与账号的互动中时，该账号的覆盖度就会相应提升。因此，用户数的增加以及互动频率的提高都是提高账号覆盖度的关键因素。

3. 我发出的评论

在"我发出的评论"功能板块中，运营者能够方便地查看账号在近7天、近30天、近90天或特定时间段内发出的评论数据。这一数据不仅直观展现了运营者与用户之间的互动频率，更是衡量用户黏性和活跃度的重要指标之一。通过积极与用户进行互动，运营者不仅能够巩固与用户的联系，增强用户黏性，还能有效提升用户的活跃度。此外，若运营者能主动与高粉丝量的微博账号进行互动，还可能实现双方粉丝的相互引流，进一步扩大账号的影响力。图6-34展示了某微博账号近30天"我发出的评论"的数据趋势图，为运营者提供了直观的参考依据。

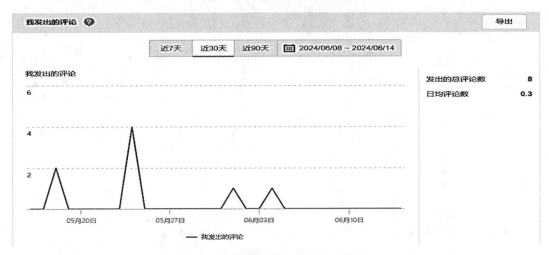

图 6-34　某微博数据：我发出的评论

（五）相关账号分析

依次点击"创作者中心"—"首页"—"数据概览"—"查看详情数据"—"相关账号分析"，运营者即可查看相关账号的运营数据情况。"相关账号分析"选项卡包括相关账号概况、相关账号粉丝分析、相关账号博文分析三部分，如图 6-35 所示。

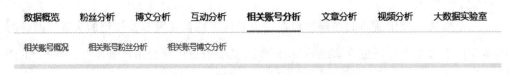

图 6-35　某微博数据："相关账号分析"选项卡

1. 相关账号概况

运营者关注竞争对手的账号后，可以在"相关账号概况"的"相关账号列表"板块查看这些微博账号的运营数据。这些数据包括但不限于以下 6 个关键指标。

（1）当前粉丝数。

这一指标反映了账号当前的粉丝规模，是评估账号影响力和受众范围的重要指标。

（2）粉丝净增。

这一指标显示了账号在一定时间段内粉丝数量的净增长，帮助运营者了解账号的粉丝增长趋势。

（3）粉丝增长幅度。

通过对比不同时间段的粉丝增长数据，运营者可以计算出粉丝增长幅度，这有助于运营者判断账号粉丝增长的速度和稳定性。

（4）发博数。

这一指标记录了账号在一定时间内发布的微博数量，反映了账号的活跃度和内容产出能力。

(5)转评赞数。

这一指标包括微博的转发数、评论数和点赞数,是衡量微博内容互动性和用户参与度的重要指标。通过分析这些数据,运营者可以了解用户对账号内容的喜好和反馈。

(6)阅读数量级。

这一指标反映了账号发布的微博被阅读的总体数量,是衡量账号内容传播广度和影响力的重要标准。

通过综合分析这些运营数据,运营者可以更全面地了解竞争对手的账号表现,为自身账号的运营策略提供有价值的参考和借鉴。

2. 相关账号粉丝分析

在"相关账号粉丝分析"板块,运营者能够查看特定相关账号的详细粉丝数据。这些数据涵盖粉丝增长分析、粉丝类型,以及粉丝的性别与年龄分布等多个维度。通过对这些数据的分析,运营者可以清晰地了解竞争对手账号的粉丝特征,然后与自己账号的粉丝特征进行对比。

(1)粉丝增长。

运营者可以通过了解竞争对手账号的粉丝增长趋势和速度,分析其在吸引和维持粉丝方面的策略效果。

(2)粉丝类型。

该指标揭示了粉丝的构成,如是否为活跃粉丝、忠实粉丝或新关注的粉丝等,这些信息有助于运营者判断竞争对手账号的粉丝质量和黏性。

(3)粉丝的性别与年龄分布。

该指标揭示了粉丝群体的基本人口统计学特征,帮助运营者了解竞争对手账号的受众群体特点,从而为自己的账号定位和内容策略提供参考。

综合以上分析,运营者可以更加全面地了解竞争对手账号的粉丝情况,并据此调整自己的运营策略,以更好地吸引和维持目标受众。

3. 相关账号博文分析

在"相关账号博文分析"板块,运营者可以查看某个相关账号详细的博文数据,包括近7天、近30天、近90天或指定时间段内该账号发布的内容、发博数等数据,可以了解自己所关注的某个相关账号每天的发博数量、发博频率。如果自己账号的粉丝特征与该账号的粉丝特征相似,那么运营者可以学习该账号的发博频率和博文内容,从而提升自己账号的竞争力。

(六)文章分析和视频分析

依次点击"创作者中心"—"首页"—"数据概览"—"查看详情数据"—"文章/视频分析",运营者可查看微博账号发布的文章类内容或视频类内容的数据分析。

文章类内容的数据包括文章阅读趋势,文章转发、评论和赞数,单篇文章分析;视频类内容的数据包括视频播放趋势、视频转发、评论和赞数、单条视频分析。在"文章分析"和"视频分析"选项卡中,运营者可以查看文章类内容和视频类内容的详细数据,从而根据各篇文章或各条视频的数据表现进行相应的内容调整或优化。图6-36为某微博账号博主近7天的视频发布数。

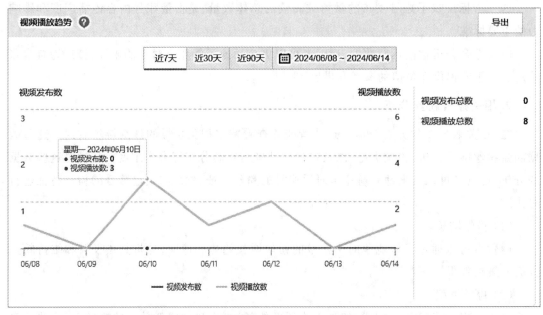

图6-36　某微博数据:微博账号视频发布数

(七) 大数据实验室

依次点击"创作者中心"—"首页"—"数据概览"—"查看详情数据"—"大数据实验室",运营者即可查看微博的大数据实验室信息(见图6-37)。"大数据实验室"选项卡括微分析、热词分析和文本挖掘。

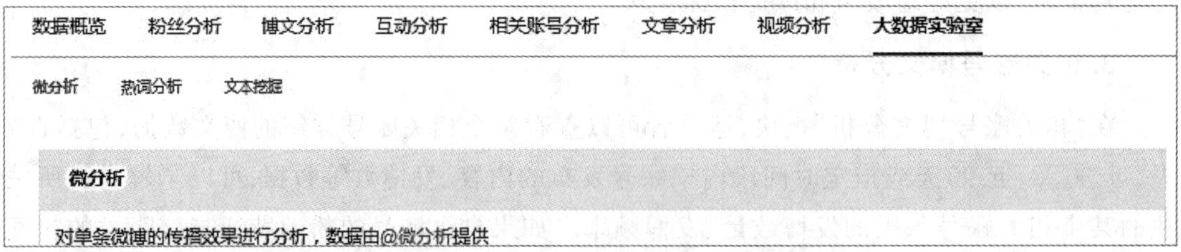

图6-37　某微博数据:大数据实验室

第三节　短视频运营数据分析与应用

随着短视频平台的兴起,如何精准把握用户需求、提升内容质量、优化运营策略,成为从业者关注的焦点,运营数据分析正是解决这些问题的关键。短视频运营数据分析能够帮助运营者深入了解用户行为和喜好。通过对观看时长、点赞、评论等数据的分析,运营者可以洞察用户对内容的偏好,从而指导内容创作,使之更符合用户品位。这不仅有助于提升用户体验,还能增强用户黏性,提升用户活跃度。此外,短视频运营数据分析对于制定和调整商业策略至关重要。它可以帮助企业了解市场动态,评估营销效果,及时调整策略以适应市场变化,从而实现商业利益最大化。

(一)短视频用户行为及短视频平台算法分析

1. 短视频用户行为分析

短视频用户行为分析,是指对用户在短视频平台上的一系列活动进行深入研究和分析的过程。这一过程旨在揭示用户的行为模式、兴趣偏好、互动习惯以及潜在需求,从而为短视频平台的内容创作、推荐算法优化、用户体验提升以及商业变现策略制定提供有力支持。其具体分析内容包括以下几个方面。

1)短视频用户观看行为分析

(1)短视频观看时长。

短视频观看时长数据不仅反映了短视频内容的吸引力和用户参与度,还能帮助创作者和运营者评估内容结构、优化用户体验、衡量营销效果,并据此调整内容策略以提高用户满意度和忠诚度。通过深入分析观看时长数据,运营者可以识别视频中的"热点"和"冷点",了解哪些部分最吸引用户注意力,进而优化内容制作,提高用户参与度和营销投资回报率。

(2)短视频播放次数。

短视频播放次数不仅反映了视频内容的吸引力和传播效果,还能帮助内容创作者和营销人员评估视频的受欢迎程度、优化内容策略、衡量营销活动的效果,并据此调整内容创作和营销策略,以提高用户参与度和账号的商业价值。通过细致分析播放次数数据,运营者可以了解哪些类型的内容更受欢迎,进而优化内容创作,提高视频的吸引力,扩大传播范围。

(3)短视频观看历史。

短视频观看历史对于内容创作者、平台运营者以及营销人员至关重要。它不仅有助于运营者了解用户的兴趣偏好,实现个性化内容推荐,提高用户满意度和参与度,还能帮助创作者优化内容方向,为营销人员制定更为精准的营销策略提供参考,从而提升用户留存率,并通过趋势分析捕捉新的市场机会。

2)短视频互动行为分析

短视频互动行为分析不仅能够帮助运营者了解用户的兴趣偏好和行为模式,还能促进内容创作者优化内容、提高用户参与度、制定更有效的营销策略,并最终提升用户满意度和品牌影响力。通过细致分析用户的点赞、评论、分享等互动行为,创作者和营销人员可以更好地理解哪些类型的内容更能吸引用户,从而优化内容创作,增强用户参与感,实现更高的用户留存率和品牌忠诚度。

(1) 点赞。

短视频点赞数是衡量用户满意度和支持度的关键指标。通过分析点赞数，创作者可以更好地理解目标受众的偏好，制定更具吸引力的内容规划。同时，短视频点赞数也是评价短视频传播效果和营销活动成功与否的重要因素之一。

(2) 评论。

短视频评论反映了用户对内容的真实感受和看法，是衡量用户参与度和反馈的重要指标。通过分析评论内容，创作者可以获得宝贵的反馈信息，了解受到好评以及需要改进的地方，从而不断优化内容质量，增强与用户的互动，提升短视频的吸引力和传播效果。

(3) 分享。

短视频分享不仅体现了用户对内容的认可和支持，还帮助扩大了内容的传播范围和影响力。通过分享，短视频可以触及更广泛的受众，提高内容的可见度和用户的参与度。此外，短视频分享数据还可以帮助创作者了解哪些类型的内容更容易引起用户共鸣，从而优化内容策略，提升用户满意度和忠诚度。

3) 短视频用户画像分析

短视频用户画像分析主要包括年龄、性别、地域分布、兴趣偏好等，不仅能够帮助运营者实现精准营销和广告投放，提升广告效果，还支持个性化推荐，有助于增强用户体验感。同时，基于用户画像的内容创作更加贴近用户喜好，能够增强用户黏性。此外，用户画像还能用于优化产品功能、促进社区建设，并为产品迭代和创新提供依据，从而帮助企业在竞争中脱颖而出。

(1) 年龄、性别。

通过了解不同年龄段、不同性别用户的偏好，创作者可以根据目标观众的特点来调整内容风格和主题，以吸引更多的关注，引导用户互动。平台也可以更加精确地向用户推送他们可能感兴趣的内容。例如，年轻女性用户可能对美妆、时尚等话题更感兴趣，而年轻男性用户则可能更倾向于游戏和科技类内容，这就为短视频内容创作、运营提供了指引。

(2) 地域分布。

通过分析不同地区的用户偏好，内容创作者可以制作更贴近当地文化背景的内容，提高内容的相关性和吸引力。平台可以根据用户地域分布优化内容推荐算法，确保能够向不同地区的用户提供更符合其兴趣的内容。此外，地域分布数据可以揭示哪些地区的潜在用户尚未充分开发，为平台和内容创作者提供新的市场机会。

(3) 兴趣偏好。

通过分析用户的兴趣偏好，内容创作者可以制作更贴近用户喜好的内容，从而提高内容的相关性和吸引力。平台可以根据用户的兴趣偏好优化内容推荐算法，确保能够向用户提供更符合其兴趣的内容。此外，了解用户的兴趣偏好有助于广告主更精准地定位目标市场，制定更具针对性的营销策略。

2. 短视频平台算法分析

短视频平台算法是指短视频平台用来决定向用户推荐哪些视频内容的一套规则和方

法。这些算法通常基于用户的观看历史、互动行为(如点赞、评论、分享)、内容的相关性和质量等多种因素来推荐内容。短视频平台算法的目标是提高用户满意度,增强用户黏性,提高内容的多样性和质量。

(1)用户个性化推荐。

短视频平台会根据用户的兴趣、喜好和观看历史,通过算法为用户推荐个性化的内容。这种推荐机制能够确保用户每次打开平台,都能看到自己感兴趣的视频,从而提高用户的满意度和留存率。

(2)视频热度与排序。

短视频平台算法还会根据短视频的热度、点赞数、评论数等指标,对短视频进行排序。热度高的视频会更容易被用户发现,其曝光率和观看量也会进一步提高。这种机制能够激励内容创作者创作更优质、更受欢迎的视频。

(3)创作者影响力评估。

短视频平台算法还会对平台上创作者的影响力进行评估。算法能够通过创作者的关注人数、视频播放量、点赞数等指标,评估其影响力大小。这种评估机制有助于平台挖掘有潜力的创作者,与他们进行合作,从而提升平台的内容质量和品牌影响力。

(二)短视频内容质量及传播效果分析

1. 短视频内容质量分析

短视频内容质量分析就是对短视频内容进行全面评估,以判断其内容质量、吸引力等。全面的短视频内容质量分析,可以帮助创作者和平台提升短视频内容的质量,从而更好地吸引和留住观众。

(1)短视频内容类型。

短视频内容类型指的是根据视频的主题、风格或目的,对不同种类的视频内容进行的分类。常见的短视频内容类型包括娱乐类、教育类、生活技巧类、旅游探险类、时尚美妆类等。了解这些类型有助于内容创作者、平台运营者以及营销人员更好地定位目标受众,制定相应的策略,提供更符合用户需求的内容。

(2)短视频内容创新性。

创新性是评估短视频内容质量的首要标准。一个优秀的短视频应该具有独特的创意和新颖的表现手法,能够吸引观众的注意力。具有创新性的视频内容要独树一帜,同时不能涉及抄袭和侵权,要尊重他人的知识产权。短视频内容创新性分析,不仅能够帮助创作者制作独特且具有吸引力的作品,提高内容的相关性和吸引力,还能帮助运营者制定更精细化的运营策略。其作用具体体现在内容创作与优化、个性化推荐、广告投放与营销策略制定、市场趋势洞察以及社区建设和维护等方面。

(3)短视频内容质量评分。

短视频内容质量评分需要综合考虑短视频的原创性、准确性、价值观、互动性、可读性、技术质量和合规性等方面。短视频内容质量评分对于内容创作者、平台运营者以及营销人员至关重要。它不仅可以帮助运营者了解视频的质量水平,还可以帮助运营者制定更精细化的运营策略,具体体现在内容优化、用户参与度提升、个性化推荐、广告效果评估、品牌建设和市场竞争力提升等方面。通过分析短视频内容质量评分,运营者可以不断提高内容质量,优化用户体验。

2. 短视频传播效果分析

短视频传播效果是指短视频在社交媒体平台传播后所产生的影响和结果,它包括认知效果、态度效果、行为效果和社会效果等多个方面。好的传播效果能够提高受众对信息的认知度、改变受众的态度、激励受众采取行动,并对社会产生积极影响。评估短视频传播效果需要收集播放量、用户覆盖、转发量、转化率等数据指标。这些指标能够反映短视频的受欢迎程度、用户参与度以及传播范围,帮助内容创作者、平台运营者以及营销人员了解视频表现情况,并据此调整传播策略。

(1) 播放量。

播放量是指短视频被观看的次数,它是衡量视频受欢迎程度和传播效果的关键指标。高播放量意味着用户对视频内容感兴趣,并愿意花费时间观看。分析播放量可以帮助创作者了解哪些类型的内容更受欢迎,从而调整内容创作方向,提高视频的吸引力,扩大视频传播范围。

(2) 用户覆盖。

用户覆盖是指短视频内容在不同用户群体中的触达范围,它是衡量视频内容传播广度的重要指标。用户覆盖反映了视频内容能够触及的用户群体规模,较高的用户覆盖意味着视频内容得到了广泛的传播。短视频用户覆盖对于内容创作者、平台运营者以及营销人员来说具有重要意义。内容创作方面,较高的用户覆盖表明视频内容吸引了不同背景和兴趣的用户,有助于内容创作者了解不同受众群体的偏好。从平台推荐方面来看,用户覆盖是平台推荐算法中的一个重要因素,较高的用户覆盖意味着视频更有可能被推荐给更多的用户。从营销价值方面来看,对于营销人员而言,较高的用户覆盖意味着视频具有更大的商业潜力。

(3) 转发量。

转发量是指用户将短视频内容分享到其他社交媒体平台或通过私信等方式发送给朋友的次数,它是衡量视频传播效果和用户参与度的一个重要指标。转发量是评估视频传播效果的关键指标之一,较高的转发量说明该视频内容受到了受众的喜爱和认可,具有较大的吸引力和影响力。同时,用户每一次转发都意味着视频会被更多的潜在受众看到,从而扩大短视频的传播范围。通过转发,短视频可以在社交媒体上迅速扩散,吸引更多的关注,引发更多的讨论。

(4) 转化率。

转化率是指用户在观看短视频后,执行运营者期望动作的比例。这个比例通常用来衡量视频内容促使用户采取某种特定行动的有效性。转化率可以应用于多种场景,包括电商转化、订阅转化、互动转化、网站访问转化、应用程序下载转化等。短视频转化率分析是优化短视频内容、提高用户参与度、制定有效营销策略以及推动市场占有率增长的关键。

通过分析能带来更高转化率的视频内容类型,内容创作者可以了解哪些策略更有效,从而优化内容创作方向。同时,转化率反映了用户对视频内容的兴趣程度和参与意愿。具有较高的转化率通常意味着视频内容具有较高的吸引力。此外,对于营销短视频而言,转化率是评估广告效果的重要指标之一。较高的转化率意味着广告信息在促使用户采取预期行为方面更有效。

(三)短视频运营数据分析与应用案例

飞瓜数据是当前流行的短视频直播数据分析平台。该平台提供抖音数据、快手数据、B站数据等的数智分析服务,包括抖音、快手、B站的热门视频排行榜、达人的短视频和直播排行榜,以及带货电商数据、视频实时监控数据、商品实时监控数据等。以下内容将通过飞瓜数据中的飞瓜抖音模块对抖音短视频运营数据进行分析。

1. 短视频账号数据概览

(1)步骤1。

登录飞瓜数据抖音版账号,单击工作台界面左侧的"数据监测"按钮,选择"关注的抖音号"选项,如图6-38所示。

图6-38 飞瓜数据抖音"数据监测"页面

(2)步骤2。

点击关注的"交个朋友直播间"即可进入该账号数据详情分析页面,如图6-39所示。

图6-39 飞瓜数据抖音账号"数据详情"页面

(3) 步骤3。

单击"数据概览"选项卡,可查看账号数据(新增粉丝、直播涨粉)、视频数据(新增视频、新增点赞、新增评论、新增分享)、直播数据(观看人次、直播销售额、直播销量、直播场次)、带货数据(带货商品、带货小店、动销商品数、上架新品数)等,这些数据对于评估账户的商业价值和变现能力至关重要。

2. 作品数据分析

通过分析作品数据,短视频运营者可以了解某个时间段内短视频账号发布的作品的传播指数、点赞量、评论量、转发量等数据,从而了解各个作品的"火爆"程度。使用飞瓜数据抖音版查看短视频账号作品分析数据的操作步骤如下。

点击"作品分析"选项卡,设置时间范围,查看该时间段账号的热门视频Top5、视频热度趋势、点赞增量Top10视频等。

图6-40为某账号热门视频TOP5概况。图6-41为某账号2024年6月14日至6月15日的视频热度趋势。通过直观的数据对比,可以展示该账号视频在这段时间内的受欢迎程度变化。由图6-41可知,该账号视频在6月14日点赞量的数据达到了3072,随后热度呈下降趋势。这表明6月14日这一天,该账号发布的视频获得了显著的关注和认可,点赞量达到了一个高峰。这一数据不仅代表了受众对该视频内容的喜爱,也反映了账号在当日的影响力和活跃度。6月15日,该账号的视频热度下降,这可能与多种因素有关,如视频内容的时效性有限、受众兴趣的转移、市场竞争的加剧等。图6-42展示了某账号作品在2024年6月15日点赞增量Top10的视频的数据情况。该模块可以设置48小时和30天两个时间段,允许观察者从短期和长期两个维度来评估视频话题的热度变化。通过比较不同时间点的数据,运营者可以观察到某视频话题在社交媒体上的热度是上升、下降还是保持稳定。例如,从账号作品《#高考不是终点而是新的起点……》可以看出,该话题具有启发性和正能量,很可能在高考结束后的一段时间内引起广泛共鸣,因而在这一特定时间段内具有较高的热度,吸引了大量用户的关注和互动。

图 6-40 某账号热门视频 Top5

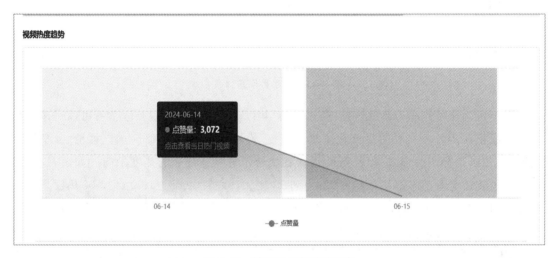

图 6-41 某账号视频热度趋势

图 6-42 某账号点赞增量 Top10

3. 作品列表分析

在"作品列表"模块中，可以直观看到每个作品的运营情况，如图 6-43 所示。作品列表展示了"今天""7 天""15 天""30 天"等不同时间段的各个视频的相关数据，如点赞数、评论数、分享数以及视频销售额和视频销量。这些数据有助于用户了解每个视频的具体表现，并识别受欢迎的视频和潜在的销售机会。

图 6-43 某账号作品列表

图 6-44 为账号作品的热度监控,通过单击"热度监控"按钮,短视频运营者可以迅速追踪某条短视频在 24 小时内的热度变化。"热度监控"模块会显示该视频的点赞、评论、分享等关键数据,并以趋势图的形式呈现,帮助运营者快速了解爆款视频的热度走向。如短视频《究竟什么包装让老罗都忍不住夸?》在 03:00 到 05:00、07:00 到 09:00、11:00 到 13:00 热度呈上升趋势,因此,上述时间段可以作为运营者发布新内容或进行推广活动的最佳参考时间。

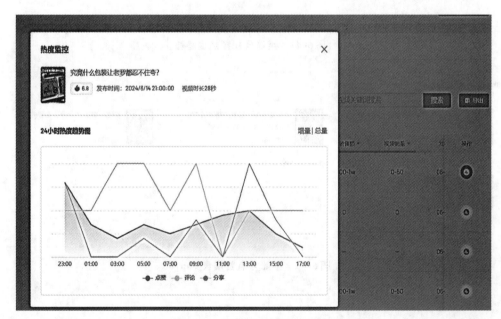

图 6-44 某账号作品热度监控

4. 带货分析、直播分析

飞瓜抖音数据中的直播分析与带货分析为商家提供了深入了解直播效果和带货表现的机会。通过这两项分析,商家可以优化直播策略、精准选品和推广、提高直播间的吸引力和转化率,从而在抖音电商领域取得更好的成绩。

图6-45为某账号短视频带货分析。由该图可知,该账号短视频带货商品中的泡芙法式床销量最大,达到7500~10000单,销售额达到1000万~2500万元。

图6-45 某账号短视频带货分析

图6-46展示了某短视频账号的直播分析情况。直播分析页面突出了"轻奢包包618收官……"这一活动的直播带货数据。数据显示"轻奢包包618收官……"活动的某次直播观看人次达到79.3万,人气峰值时段的在线人数为7330人,点赞数达到35.6万,平均停留时间为1分53秒,留存率为41.98%。这些数据直观地展示了直播带货的效果和用户参与度。

图6-46 某账号短视频直播分析

5. 粉丝分析

飞瓜抖音数据分析中的粉丝分析能帮助运营者深入了解其抖音账号的粉丝群体，从而制定更有效的内容策略和营销策略。"粉丝分析"板块包括粉丝画像、视频观众画像、直播观众画像等子板块。

图6-47为某抖音账号的粉丝画像概况。我们可以发现，该抖音账号粉丝性别分布中，男性占比为60.88%，表明男性为其主要粉丝群体。从粉丝年龄分布及年龄分布趋势上来看，24～30岁的粉丝占比为29.31%，31～40岁的粉丝占比为48.61%。该抖音账号约48%的粉丝为中年群体，相对于其他年龄阶段的粉丝，他们拥有更高的收入水平及消费意愿。

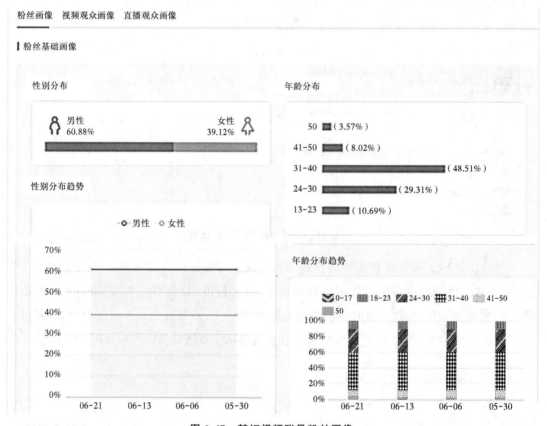

图6-47　某短视频账号粉丝画像

图6-48为视频观众画像概况。从该图中的数据可知，近70%的视频观众为男性，83%左右的视频观众为青中年群体。

图6-49为视频观众消费兴趣。从该图可知，视频观众消费需求中前三类需求分别为男装（占比6.42%）、酒类（占比5.23%）、教育培训（占比3.39%）。同时，66.07%的视频观众消费额在20～300元。从购买类目偏好来看，视频观众更加偏好购买手机、酒水、餐饮、卡券等商品，购买品牌集中于小米、鸿星尔克、李宁等。

图6-50为某短视频账号（受众）最感兴趣的内容以及粉丝活跃时间。从该图可知，该短视频账号的受众普遍对运动、汽车运输、影视娱乐、游戏、餐饮美食比较感兴趣。此外，视频

观众活跃时间中出现了两个活跃高峰,第一个活跃高峰出现在12:00左右,持续时间为1小时左右;第二个活跃高峰出现在19:00—23:00,持续时间约为4小时。

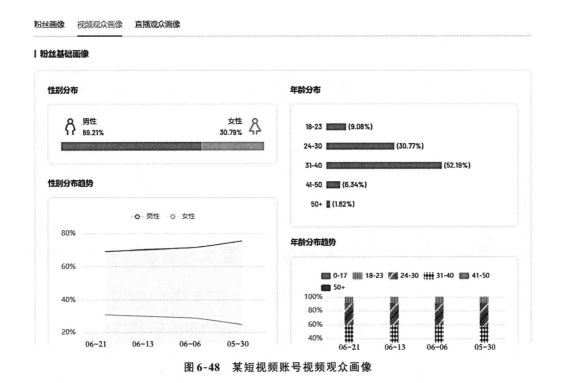

图6-48 某短视频账号视频观众画像

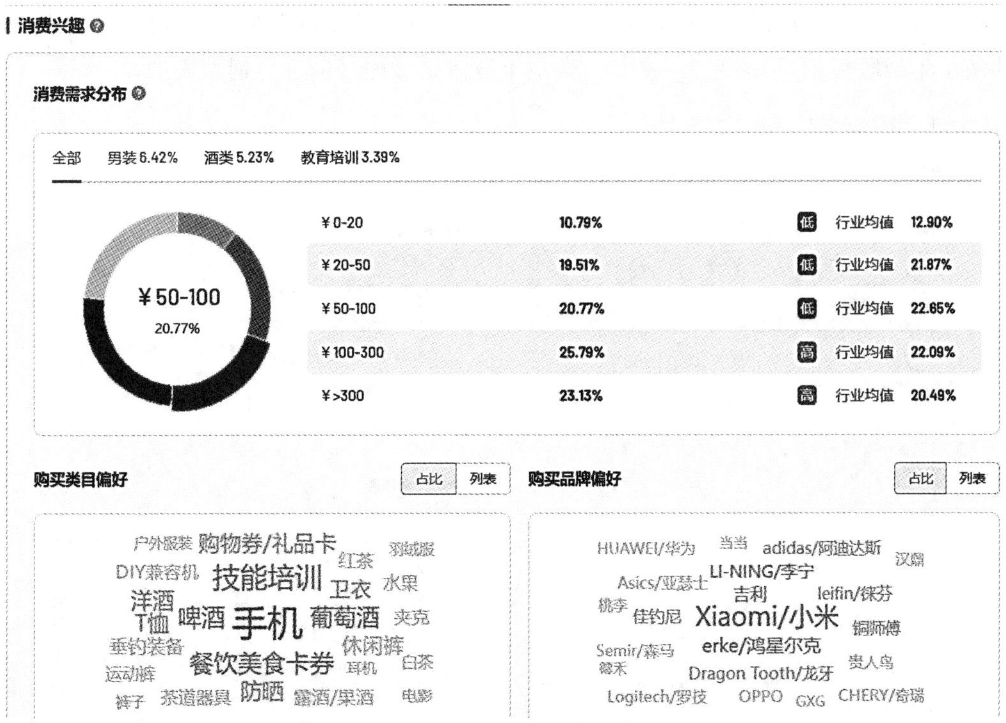

图6-49 某短视频账号视频观众消费兴趣

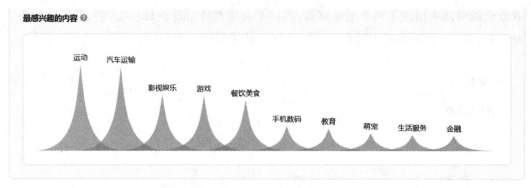

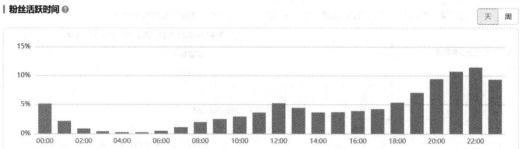

图 6-50　某短视频账号视频观众最感兴趣的内容及粉丝活跃时间

图 6-51 为某短视频账号直播观众画像情况。由该图可知,该账号的直播观众中,男性占比为 47.95%,女性占比为 52.05%,女性占比略高于男性。和整体粉丝中男性近 60% 的占比以及视频观众中男性近 70% 的占比相比,该账号直播时女性观众人数更多,女性粉丝更加愿意在直播时了解产品、与主播进行互动。从年龄分布及趋势上来看,粉丝群体中占比较高的两个年龄段是 31~40 岁、24~30 岁,青中年群体是该账号的主力消费人群。

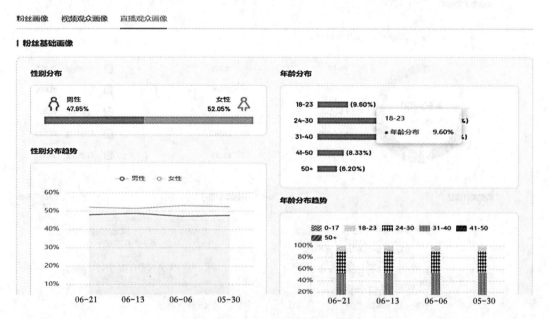

图 6-51　某短视频账号直播观众粉丝基础画像

图 6-52 为某短视频账号直播观众消费兴趣。从消费需求分布上看,直播观众感兴趣的前三类产品分别为:美容护肤(占 10.53%)、女装(占 7.53%)、酒类(占 5.30%)。从购买类目偏好来看,直播观众更青睐防晒、眼部护理、唇部护理等,购买品牌偏好集中在空刻、回力、五粮液等。

图 6-52 某账号直播观众消费兴趣

图 6-53 为某账号直播观众最感兴趣的内容及粉丝活跃时间的概况。从该图可知,直播观众最感兴趣的内容为母婴类产品。直播观众的粉丝活跃时间为 18:00—23:00,持续时间约为 5 小时。

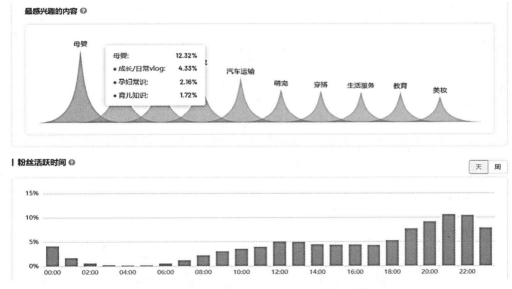

图 6-53 某账号直播观众最感兴趣的内容及粉丝活跃时间

从上述粉丝画像、视频观众画像、直播观众画像数据对比来看,该账号视频观众与直播观众差异较大。视频观众中男性占比近70%,他们对运动、汽车运输、影视娱乐等产品比较感兴趣,对酒水、餐饮、运动类产品消费偏好较高。而直播观众中,女性占比为52.05%,她们对护肤类、母婴类产品比较感兴趣,防晒、眼部护理、母婴类等产品是她们的关注重点。从上述数据还可以看出,男性粉丝更偏好观看发布的视频,而女性粉丝则是直播观众的主力军,她们对直播内容、产品有着更为直接的消费意愿。

因此,该账号在做产品推广时,应针对不同性别的观众、不同类目的产品做好营销规划。根据直播观众女性较多且观看时间较久的特点,在直播带货中突出护肤类产品、母婴类产品,并与女性粉丝做好实时互动。在日常的视频发布中,则应重点发布与男性粉丝消费偏好更为契合的餐饮、运动、酒水类产品。

参考文献

[1] 段峰峰.新媒体数据分析与应用[M].北京:人民邮电出版社,2020.

[2] 方洁.数据新闻概论:操作理念与案例解析[M].2版.北京:中国人民大学出版社,2019.

[3] 方洁,葛书润,邓海滢,等.把数据作为方法:数据叙事的理论与实践[M].北京:中国人民大学出版社,2023.

[4] 勾俊伟,哈默,谢雄.新媒体数据分析:概念、工具、方法[M].北京:人民邮电出版社,2017.

[5] 李东临.新媒体运营[M].天津:天津科学技术出版社,2023.

[6] 马晓悦,刘蒙阙.新媒体数据分析及应用[M].北京:人民邮电出版社,2021.

[7] 王佳娴.新媒体数据分析[M].北京:人民邮电出版社,2020.

[8] 许向东.数据新闻可视化[M].北京:中国人民大学出版社,2018.

[9] 余红,张雯.新媒体用户分析[M].北京:高等教育出版社,2019.

[10] 张合斌.新媒体数据分析及应用[M].北京:清华大学出版社,2023.

[11] 蔡彦燕.新媒体时代下新闻编辑出路探析[J].视听,2019(3):140-141.

[12] 陈积银,刘书彤,李高,等.中国数据新闻实践与未来发展趋势研究[J].新媒体与社会,2024(1):119-134,394-395.

[13] 陈子涵.网络社交媒体数据挖掘与情感分析[J].国际公关,2024(4):139-141.

[14] 程梦琴,周葆华,陈思明.数据新闻可视化研究:理论与实践[J].计算机辅助设计与图形学学报,2024(6):915-927.

[15] 翟红蕾,夏铭泽,刘金波.中国数据新闻人才培养路径研究[J].中国软科学,2024(7):213-224.

[16] 龚文颖.数据新闻的可视化应用探析[J].视听,2024(7):155-157.

[17] 郭金富,陈爽淑聿,谢颐.数据新闻的生产制作与创新[J].新闻前哨,2024(12):39-40.

[18] 郝珊,魏修治.数据新闻可视化信息误导分析框架与误导方式[J].情报杂志,2024(6):177-184.

[19] 胡馨月,李月.新华社数据新闻的生产实践及其价值突破[J].传媒,2024(17):71-73.

[20] 蒋科.平行世界的相遇——论媒体的融合与发展[J].中国传媒科技,2020(4):26-28.

[21] 李汶泽.基于媒介融合视域下的数据新闻传播形态分析[J].新闻爱好者,2024(8):67-69.

[22] 刘敏华.AI和大数据对新媒体传播的影响及应用分析[J].卫星电视与宽带多媒体,2024(9):46-48.

[23] 刘志强.基于国际视野的可视化数据新闻教学研究[J].传媒评论,2024(6):28-30.

[24] 罗芳,陈志鹏.从地图新闻生产实践看数据新闻的创新趋势——以2021年Sigma Awards数据新闻奖参赛作品为例[J].苏州市职业大学学报,2024(2):70-74.

[25] 牛国义.微信对农村文化的重组与再造——论微信与二十一世纪以来乡村文化的生成[J].东南传播,2019(5):41-42.

[26] 潘洪建,郭桂周,蒋权,等.科学实践及其教学策略(笔谈)[J].教育与教学研究,2020(2):89-128.

[27] 帅安琪.社交媒体数据分析:互联网和大数据的融合[J].互联网周刊,2024(5):37-39.

[28] 孙小智,袁子骝,乔丹诺,等.基于新媒体数据分析的舆论宣传影响力评估方法研究[J].科技创新与应用,2024(25):88-92.

[29] 王嘉龙,高上.大数据时代新媒体新闻编辑观的转型策略分析[J].记者观察,2023(35):115-117.

[30] 王卫明,程高祥.网络传播平台的数据权利与数据义务[J].青年记者,2019(22):72-73.

[31] 王潇浚.协同与共生:AIGC在数据新闻中的应用分析[J].科技传播,2024(11):1-5.

[32] 王一,董婕.重塑新闻生态:数据新闻的生态表征、实践路径及策略研究[J].新闻潮,2024(8):3-5,9.

[33] 王毅,张金波,董晓文.ISO汉信码Unicode模式详解[J].中国自动识别技术,2024(1):48-54.

[34] 吴海涵.突发事件报道中数据新闻的适应性问题与对策[J].传媒,2024(12):46-48.

[35] 熊思斯,滕宇,胡珀.政务新媒体互动内容分析及诉求回应研究——以人民网留言板数据分析为例[J].情报杂志,2024(3):150-156.

[36] 徐华,刘雪萌,叶李萱.新媒体背景下社会工作网络服务传播效果提升研究——基于短视频的数据分析[J].黑龙江工程学院学报,2024(2):61-66.

[37] 余伟利.从博客到微博:网络问政"两会"的媒体应对[J].现代传播,2010(6):143-144.

[38] 张开平,孟天广,黄种滨."软宣传"的兴起、特征与效果——基于2009—2023年主流媒体与政务新媒体的大数据分析[J].新闻与传播研究,2023(12):86-103,128.

[39] 周洪亮.探讨移动互联技术在船闸通航管理上的应用[J].科学与信息化,2018(27):144-145.

[40] 周培源.微博与微信,竞争还是互补?[J].网络传播,2014(4):70-73.

[41] 高泽琳.澎湃新闻"美数课"的可视化叙事研究[D].保定:河北大学,2024.

[42] 胡江伟.微博公共情绪传播及其管理研究[D].南昌:南昌大学,2019.

[43] 黄子琪.数据可视化在财经新闻报道中的应用[D].长春:吉林财经大学,2022.

[44] 刘冲.智能媒体视域下数据新闻生产研究[D].保定:河北大学,2023.

[45] 刘瑾.基于移动互联网时代下的经济型酒店微信营销策略探析[D].上海:上海师范大学,2016.

[46] 娜伊日斯嘎.抖音短视频平台草原物质文化传播研究[D].呼和浩特:内蒙古大学,2023.

[47] 夏佳琴.基于社交媒体数据的网络舆情态势演化分析[D].长沙:中南大学,2023.

[48] 项天舒.数据新闻的信息可视化设计研究[D].苏州:苏州大学,2021.